石原洋子の おうち中華

野菜たっぷり、
油少なめ、
化学調味料なし

家の光協会

はじめに

孫たちに「今日、何が食べたい？」と聞くと、決まって返ってくる答えが「中華！」です。
そのため、わが家では毎日のように中華おかずが登場します。
今日もまた中華？とリクエストを受けるこちらは思うけれど、
彼らは全然飽きないようです。
ごはんをもりもり食べている姿を見ていると、
中華おかずはごはんが進むおかずの代表だなと改めて思います。
もう若くはない夫もわたしも、おうち中華には不思議と箸が進むんです。

中華おかずは、ひと皿に肉や魚介などのたんぱく質と野菜が
バランスよく入っているものが多く、栄養満点。
加えて、経済的なおかずもたくさんあります。
こんなに毎日おかずにぴったりな料理ってほかにはないんじゃないかしら。

わが家の中華は、野菜たっぷり、油少なめ。うまみ調味料は一切使いません。
だから、胃がもたれず、軽やかで毎日食べても飽きません。
じつは、基本調味料だけで作れるおかずもたくさんあるんですよ。
派手さはなく、なんてことないものも多いけれど、
ごはんが進み、年齢に関係なく楽しめる。
おうち中華の日は、家族みんなで同じ料理を囲む楽しさをしみじみ感じます。

この本では、長年わが家で作り続けている中華おかずを中心に、
大小２つのフライパンと電子レンジさえあればできるレシピをご紹介しています。
ご家庭でおいしく作るコツもお伝えしています。
中華のおかずをもっと身近に感じてもらえ、
さらにはみなさんの家の定番になってくれたらうれしく思います。

石原洋子

もやしのザーサイあえ
（92ページ）

おうち中華献立 1

青椒肉絲《チンジャオロースー》の日

時間がなく、パパッと作りたい日は
炒めものの出番です。
なかでも、甘くてコクがある「青椒肉絲」は
家族みんなが大好き。
一般的にはピーマンのほかに
たけのこを入れることが多いですが、
あるとき、たけのこを
じゃがいもに替えて作ったところ、
いものホクホク感がおいしい！と
孫たちにとても好評だったため、
いつしかこちらがわが家の定番になりました。
副菜には、電子レンジで作れるものを
合わせると、短時間で献立が完成します。

じゃがいも青椒肉絲
（16ページ）

中華うま煮
（35ページ）

おうち中華献立 2

中華うま煮の日

冷めにくく体の芯から温まる
「とろみ煮」は、寒い日にはもってこい。
とはいえ、わが家では年中リクエストが
多いので、季節を問わず作ります。
「中華うま煮」は数種類の野菜に加えて
肉も入っているので、
一品でも栄養バランスがよく
満足感があります。
ごはんにかけてもおいしいのもいいところ。
体を冷やしたくない夫も、
体が温まるとお気に入りです。
とろりとやわらかいとろみ煮には、
シャキシャキ食感の副菜を合わせると、
より箸が進みます。

たたききゅうりの辛みあえ
（94ページ）

セロリときくらげの
ごま塩あえ
（94ページ）

おうち中華献立 3

油淋鶏《ユーリンチー》の日

「今日は揚げものよ！」と伝えたときの孫たちの喜びようったらありません。とくに、甘酸っぱいたれがかかる「油淋鶏」は大好きなんですって。鶏もも肉を3～4枚揚げても、あっという間にお皿は空っぽに。わが家では鶏肉はひと口大に切ってから揚げます。この方法なら、大きいまま揚げて切るときにありがちな〝衣がはがれる〟心配もありません。揚げものに組み合わせるのは、さっぱりした味わいの副菜です。こってりおかずとあっさりおかずは、相乗効果でどちらもよりおいしくなりますよ。

油淋鶏
（61ページ）

目次

［この本の使い方］

・小さじ1＝5㎖、大さじ1＝15㎖、1カップ＝２００㎖です。
・火加減は特に表示のない場合は「中火」です。
・野菜の「洗う」「皮をむく」「ヘタを取る」などは省略しています。
・レシピ上の「しょうゆ」は濃口しょうゆ、「塩」は精製されていないもの、「小麦粉」は薄力粉です。
・電子レンジの加熱時間は６００Wの目安です。５００Wの場合は、加熱時間を1・2倍に、７００Wの場合は0・8倍を目安にしてください。
・電子レンジは機種によって加熱時間が異なります。取扱説明書の指示に従い、様子をみながら調整してください。
・レシピ上の「フライパン」は直径26㎝のもの、「小さめのフライパン」は直径22㎝のものを使用しています。

1. 手早く作れる 炒めもの

食卓に登場する回数が一番多い料理が、炒めものではないでしょうか。短時間で作れ、季節を問わないので、毎日のおかずに大活躍します。肉入りで濃いめの味つけならごはんが進みますし、小さめの炒めものは、軽めの主菜のときにボリュームを補うのにぴったり。わが家では焼き魚や刺し身サラダのときによく合わせます。

さて、炒めものを「たえず手を動かしながら作る」料理と思っている方が多いようですが、それだと野菜から水分が出て水っぽくなってしまいます。「焼きつけ、上下を返して再び焼きつける」感覚で作りましょう。

なすの香味炒め

香味野菜たっぷりの
わたしの十八番。
野菜はもやし、
アスパラガスなどでも。

材料(2人分)
なす … 4本(360g)
豚ひき肉 … 100g
にんにく、しょうが(各みじん切り)
　… 各小さじ1
長ねぎ(みじん切り) … 大さじ1½
ザーサイ(味つき・みじん切り) … 30g
合わせ調味料
　酒 … 大さじ1
　しょうゆ … 大さじ½
　砂糖 … 小さじ1
　こしょう … 少々
サラダ油 … 大さじ3

❶ なすは縦半分に切り、皮目に斜め5mm幅の切り込みを入れ、さらに縦半分に切る。合わせ調味料は混ぜる。

❷ フライパンにサラダ油を熱し、なすの皮目を下にして入れ(**a**)、ふたをして焼く。皮目に焼き色がついたらときどき返しながら6〜7分炒め、やわらかくなったら取り出す。
⇒なすは皮目から焼いたほうが油を吸いすぎない。また、蒸し焼きにすると、早く火が通る。

❸ ②のフライパンに油が残っていなければ、サラダ油大さじ½(分量外)を足し、にんにく、しょうがを入れて炒め、香りが出てきたらひき肉を加えて強めの中火で炒める。肉から透明な脂が出てきたら②を戻し入れ、長ねぎ、ザーサイを加えてさっと炒め、合わせ調味料を加えて炒め合わせる。

家《ジア》常《チャン》豆《ドウ》腐《フ》

その名のとおり、
手に入りやすい材料で
作る毎日のおかず。
50年以上作り続ける、
わが家の定番料理です。

材料（2人分）
木綿豆腐 … 1丁（300g）
豚こま切れ肉 … 100g
　下味 … 酒＋しょうゆ 各小さじ1
生しいたけ … 4枚（100g）
長ねぎ … 1本（100g）
赤唐辛子（種を取り、小口切り）… 小1本
しょうが（薄切り）… 1かけ
合わせ調味料
　しょうゆ … 大さじ1½
　酒 … 大さじ½
　砂糖 … 小さじ½
　こしょう…少々
サラダ油 … 大さじ2

❶　豆腐は縦半分に切って横に1cm厚さに切り、ペーパータオルで包んで15分ほどおき、水きりをする。生しいたけは軸を落として3等分の斜めそぎ切り、長ねぎは1cm幅の斜め切りにする。豚肉は下味の調味料をもみ込む。合わせ調味料は混ぜる。

❷　フライパンにサラダ油大さじ1を熱し、豆腐を入れて5〜6分焼き、両面が薄く色づいたら（**a**）取り出す。

⇒表面がカリッとするくらいまで香ばしく焼くと、炒めるときにくずれず、味が入りやすい。

❸　②のフライパンをきれいにしてサラダ油大さじ1を熱し、赤唐辛子、しょうがを入れて炒め、香りが出たら豚肉を入れて色が変わるまで炒める。生しいたけ、長ねぎを順に加えて炒め（**b**）、しんなりしたら②を戻し入れ（**c**）、合わせ調味料を加えて炒め合わせる。

a

b

c

じゃがいも青椒肉絲《チンジャオロースー》

a

材料（2人分）
牛肉（焼き肉用）… 150g
　下味 … 酒＋しょうゆ 各小さじ1
じゃがいも … 2個（300g）
ピーマン … 2個（80g）
しょうが（せん切り）… 1かけ
合わせ調味料
　酒 … 小さじ2
　しょうゆ … 大さじ½
　砂糖 … 小さじ1
　塩 … 小さじ¼
　こしょう … 少々
サラダ油 … 大さじ2½
片栗粉、ごま油 … 各小さじ1

じゃがいも入りが
孫たちの好み。
カリッと香ばしく炒めると、
折れずに味もよくしみます。

❶　じゃがいもは7〜8mm角の細切り、ピーマンは7〜8mm幅の細切りにする。牛肉は7〜8mm幅の細切りにし、下味の調味料をもみ込む。合わせ調味料は混ぜる。
⇒太さをそろえると、見た目にも美しく食べやすい（**a**）。
❷　フライパンにサラダ油大さじ½を熱し、牛肉に片栗粉をまぶして入れ、菜箸でほぐしながら炒め、色が変わったら取り出す。
❸　②のフライパンをきれいにしてサラダ油大さじ2を熱し、じゃがいもを入れ、ふたをしてときどき混ぜながら4〜5分蒸し炒めにする（**b**）。透き通ってきたらふたを取って弱めの中火で3〜4分ほど炒め、表面が色づいてこんがりしたら（**c**）油を少し残してふき取る。
⇒じゃがいもは表面がカリッとするまで炒めておくと、炒め合わせたときに折れない。
❹　③にしょうが、ピーマンを加えて炒め、ピーマンが色鮮やかになったら強めの中火にして②を戻し入れ、合わせ調味料を加えて手早く炒め合わせ、ごま油で香りをつける。

b

c

木《ムー》須《シュー》肉《ロー》

いつも家にあるような
材料で作れるのがいいところ。
きくらげの食感と
ふわふわ卵が
相性バツグンです。

材料（2人分）
豚こま切れ肉 … 100g
　下味 … 酒小さじ1＋塩少々
卵 … 2個
きくらげ（乾燥）… 大さじ2（6g）
長ねぎ … 1本（100g）
にんにく（みじん切り）… 小さじ½
しょうが（みじん切り）… 小さじ1
合わせ調味料
　しょうゆ、酒 … 各大さじ1
　砂糖 … 小さじ½
　こしょう … 少々
サラダ油 … 大さじ2
片栗粉 … 小さじ1
ごま油 … 小さじ1

❶　きくらげはさっと洗って袋の表示どおりにもどし、かたい部分は取り除き、大きいものは半分に切る。長ねぎは5mm幅の斜め薄切りにする。豚肉はひと口大に切って下味の調味料をもみ込む。卵は割りほぐす。合わせ調味料は混ぜる。

❷　フライパンにサラダ油大さじ1を熱し、卵を流し入れ、大きく混ぜて半熟に火を通し（**a**）、取り出す。

⇒卵のふわふわ感が決め手なので、混ぜるのは2〜3回でよい。

❸　②のフライパンをきれいにしてサラダ油大さじ1を熱し、豚肉に片栗粉をまぶして入れ、強めの中火でほぐすように炒める（**b**）。8割がた火が通ったら中央をあけ、にんにく、しょうがを入れて炒め、香りが出たら長ねぎ、きくらげを加えて手早く炒める。

⇒肉に片栗粉をまぶすと、うまみが逃げない。

❹　合わせ調味料を加えて全体を炒め、②を戻し入れてさっと混ぜ、ごま油で香りをつける。

a

b

回鍋肉《ホイコーロー》

濃厚な甘辛味は、
ついついごはんが進んで困るほど。
ほんの少しの塩が全体の味を引き締めます。

材料（2人分）

豚バラ肉（焼き肉用）… 150g
キャベツ … ⅙個（200g）
玉ねぎ … ½個（100g）
ピーマン … 2個（80g）
にんにく、しょうが（各薄切り）… 各½かけ
サラダ油 … 大さじ½
豆板醤《トウバンジャン》 … 小さじ½
甜麺醤《テンメンジャン》 … 大さじ1
酒、しょうゆ … 各大さじ½
塩 … 小さじ¼
こしょう … 少々

❶ キャベツは大きめのひと口大に切り、芯は薄切りにする。玉ねぎは横1.5cm幅に切り、ピーマンはひと口大に切る。豚肉は5〜6cm長さに切る。

❷ フライパンにサラダ油を熱し、にんにく、しょうがを入れて炒め、香りが出たら豚肉を広げながら加えて炒める。肉の色が変わったら玉ねぎを加えてさっと炒める。

❸ 中央をあけて豆板醤、甜麺醤を入れて炒め、香りが出たらピーマン、キャベツを加えて炒める。野菜がしんなりしたら鍋肌から酒、しょうゆを加え、塩、こしょうで調味し、さらにしんなりするまで炒め合わせる。

鶏むね肉と豆苗の塩炒め

材料は、むね肉と豆苗だけ。
どちらも火の通りが早いので、
時間がないときに大活躍します。

材料（2人分）
鶏むね肉（皮なし）… 1枚（200g）
　下味 … 酒大さじ½＋塩ひとつまみ
豆苗 … 1袋（300g・正味120g）
にんにく（薄切り）… 1かけ
合わせ調味料
　酒 … 大さじ1
　塩、片栗粉 … 各小さじ⅓
　こしょう … 少々
　ごま油 … 小さじ1
サラダ油 … 大さじ1½
片栗粉 … 大さじ½

❶　豆苗は根を切り落とし、長さを半分に切る。鶏肉は5cm長さの細切りにし、下味の調味料をもみ込む。合わせ調味料は混ぜる。
❷　フライパンにサラダ油大さじ½を熱し、鶏肉に片栗粉をまぶして（**a**）入れ、ほぐしながら炒め、色が変わったら取り出す。
⇒片栗粉をまぶすとつるりとした食感になり、パサつきもなし。
❸　②のフライパンをきれいにしてサラダ油大さじ1を熱し、にんにくを炒める。香りが出たら強めの中火にして豆苗を入れてさっと炒め、②を戻し入れ、合わせ調味料を加えて炒め合わせる。

牛肉とカリフラワーのオイスター炒め　ふわふわ卵のせ

主宰している料理教室でも
大人気の一品。
カリフラワーを蒸し炒めにすると
味も逃げず、火が早く通ります。
半熟の卵をくずして
混ぜながら食べるのがおすすめです。

a

b

材料（2人分）
牛切り落とし肉 … 150g
　下味 … 酒+しょうゆ 各小さじ1
カリフラワー … 1個（正味250g）
長ねぎ … ½本（50g）
しめじ … 小1パック（100g）
しょうが（薄切り）… 1かけ
卵 … 3個
合わせ調味料
　オイスターソース、酒 … 各大さじ1
　しょうゆ、片栗粉 … 各小さじ1
　砂糖 … 小さじ½
　こしょう … 少々
　水 … 大さじ3
サラダ油 … 大さじ3
片栗粉 … 大さじ½
塩 … 少々

❶　カリフラワーは小さめの小房に分ける。長ねぎは1cm 長さのぶつ切りにし、しめじは石づきを取って小房に分ける。牛肉はひと口大に切り、下味の調味料をもみ込む。合わせ調味料は混ぜる。卵は割りほぐし、塩、こしょう各少々（分量外）を混ぜる。
❷　フライパンにサラダ油大さじ½を熱し、牛肉に片栗粉をまぶして入れ、8割がた火が通るまで炒め、取り出す。
❸　②のフライパンをきれいにしてサラダ油大さじ1を強めの中火で熱し、しょうが、カリフラワーを入れ、塩、水大さじ2をふってふたをし、ときどき混ぜながら3分ほど蒸し炒めにして火を通す（**a**）。
⇒カリフラワーはかたいとおいしくないので、蒸し炒めにしてやわらかくする。
❹　長ねぎとしめじを加えて中火で炒め、長ねぎがしんなりしたら②を戻し入れ、合わせ調味料を加えて炒め合わせ、器に盛る。
❺　フライパンをきれいにしてサラダ油大さじ1½を強めの中火で熱し、卵液を流し入れ、大きく2〜3回混ぜて半熟状に火を通し（**b**）、④にのせる。

えびとアスパラガスの塩炒め

a

b

c

春になると食べたくなる、
軽やかな炒めものです。
素材をそれぞれ頃合いよく炒め、
仕上げに合わせてください。

材料（2人分）

むきえび … 150g
　下味 … 酒大さじ½＋塩少々
グリーンアスパラガス … 6本（150g）
長ねぎ … ½本（50g）
しょうが（薄切り） … ½かけ
合わせ調味料
　酒、水 … 各大さじ1
　片栗粉、ごま油 … 各小さじ½
　塩 … ひとつまみ
　こしょう … 少々
片栗粉 … 小さじ1
サラダ油 … 大さじ1½
塩 … 少々

❶　アスパラガスは根元1cmを切り、下5cmの皮をピーラーでむき、4cm長さに切る。長ねぎは1cm幅の斜め切りにする。むきえびはあれば背ワタを取ってさっと洗い、水けをよくふいて下味の調味料をもみ込む。合わせ調味料は混ぜる。

❷　えびの汁けを軽くふき、片栗粉をまぶす。フライパンにサラダ油大さじ½を熱し、えびを炒め、色が変わったら取り出す。

❸　②のフライパンをきれいにしてサラダ油大さじ1を熱し、しょうが、長ねぎをさっと炒め、アスパラガス、塩、水大さじ1を加え（**a**）、ふたをして1〜2分蒸し炒めにする。

❹　アスパラガスの色が鮮やかになったら②を戻して（**b**）ひと炒めし、合わせ調味料を加えて（**c**）炒め合わせる。

⇒えびを戻し入れたら、さっと炒め合わせる。片栗粉入りの調味料でとろみをつけ、全体をまとめて。

いかとスナップえんどうの塩炒め

いかはやりいかなどでも、冷凍でもかまいません。
めんどうでも切り込みを入れるとやわらかく、
食べやすくなります。

材料（2人分）

いかの胴 … 1ぱい分（正味150g）
　下味 … 酒大さじ½＋塩少々
スナップえんどう … 1パック（150g）
新玉ねぎ（または玉ねぎ）… ¼個（50g）
しょうが（薄切り）… 1かけ
合わせ調味料
　酒、水 … 各大さじ1
　ごま油 … 小さじ1
　塩、片栗粉 … 各小さじ⅓
　こしょう … 少々
片栗粉 … 小さじ1
サラダ油 … 大さじ1½
塩 … 少々

❶　スナップえんどうは筋を取り、大きい場合は斜め半分に切る。玉ねぎは1.5cm幅のくし形切りにし、ほぐす。いかは皮をむいて縦半分に切り、7〜8mm幅の斜め格子状の切り込みを入れ、横1.5cm幅に切り、下味の調味料をもみ込む。合わせ調味料は混ぜる。

❷　いかの汁けを軽くふき、片栗粉をまぶす。フライパンにサラダ油大さじ1を熱し、いかをさっと炒め、8割がた火が通ったら取り出す。

❸　②のフライパンをきれいにしてサラダ油大さじ½を熱し、しょうがを入れて炒め、香りが出たら玉ねぎ、スナップえんどうを入れてさっと炒め、塩、水大さじ1をふり、ふたをして1分ほど蒸し炒めにする。

❹　スナップえんどうの色が鮮やかになったら強めの中火にして②を戻し入れ、合わせ調味料を加えて手早く炒め合わせる。

ほたてとしいたけと わけぎのマーガオ炒め

台湾の調味料、マーガオはレモングラス風のさわやかな香りが特徴。相性のよい、魚介と合わせます。

材料（2人分）
ほたて貝柱 … 4〜6個（150g）
　下味 … 酒大さじ½＋塩少々
生しいたけ … 4枚（100g）
わけぎ（または九条ねぎ）… ½束（100g）
しょうが（薄切り）… 1かけ
マーガオ（または黒粒こしょう）… 小さじ½
合わせ調味料
　酒、水 … 各大さじ½
　しょうゆ、ごま油 … 各小さじ1
　砂糖、片栗粉 … 各小さじ⅓
　塩 … 小さじ¼
　こしょう … 少々
片栗粉 … 小さじ1
サラダ油 … 大さじ1½
塩 … 少々

❶　生しいたけは軸を落とし、斜め半分に切る。わけぎは2cm幅の斜め切りにする。貝柱は斜め半分に切り、下味の調味料をもみ込む。マーガオは粗く砕く。合わせ調味料は混ぜる。

❷　貝柱の汁けを軽くふき、片栗粉をまぶす。フライパンにサラダ油大さじ½を熱し、貝柱を入れ、表面をこんがり焼いて取り出す。

❸　②のフライパンをきれいにしてサラダ油大さじ1を熱し、マーガオ、しょうがを入れて炒める。香りが出たらしいたけ、わけぎの白い部分を入れて炒め、しいたけに薄く色がついたらわけぎの葉先を加えて炒める。
⇒マーガオをよく炒め、香りを引き出す。

❹　わけぎがしんなりしたら塩をふり、②を戻し入れ、合わせ調味料を加えて強めの中火で炒め合わせる。

あさりと春雨の豆豉《トウチ》炒め

あさりのうまみをぎゅーっと
吸った春雨がおいしい。
豆豉の独特な香りと味で
大人向きに仕上げます。

材料（2人分）
あさり … 300g
春雨（乾燥）… 45g
長ねぎ … 1本（100g）
にんにく、しょうが（各みじん切り）
… 各小さじ1
豆豉※（みじん切り）… 大さじ½（5g）
A
しょうゆ … 小さじ1
砂糖 … 小さじ½
塩 … ひとつまみ
こしょう … 少々
サラダ油 … 大さじ1
酒 … 大さじ1

※豆豉とは、黒豆や大豆に塩や麹などを加えて発酵させた調味料。うまみや香りが強く、料理に使うと味に深みが出る。

❶　あさりは3％の塩水（分量外）に1時間ほどつけて塩抜きをし、殻をこすり洗いして水けをきる。春雨は袋の表示どおりにもどし、ざるに上げて水けをきり、食べやすい長さに切る。長ねぎは5cm長さに切り、縦4等分に切る。

❷　フライパンにサラダ油を熱し、にんにく、しょうがを炒め、香りが出たら長ねぎを加えて炒める。しんなりしたら春雨を加え、全体に油がまわったらあさりを加え、酒をふってふたをして蒸し煮にする。あさりの殻が開いたら、豆豉、**A**を順に加えて炒め合わせる。

トマトと卵の炒めもの

夏に限らず、
よくわが家の食卓に登場します。
完熟トマトを使い、
少しの砂糖で甘みをつけるのがコツです。

材料（2人分）
トマト … 1個（150g）
卵 … 3個
塩 … 少々
サラダ油 … 大さじ2
A
｜砂糖 … 小さじ1
｜塩 … 少々
しょうゆ … 小さじ1

❶　トマトは8等分のくし形切りにする。卵は割りほぐし、塩を混ぜる。
❷　フライパンにサラダ油大さじ½を熱し、トマトを入れ、**A**をふる。少し角が取れるまで炒め、取り出す。
❸　②のフライパンをきれいにしてサラダ油大さじ1½を強火で熱し、卵液を流し入れる。木べらで大きく2～3回混ぜ、半熟状になり始めたら②を戻し入れ（**a**）、鍋肌からしょうゆをまわし入れ、そっと混ぜる。

a

小松菜のにんにく唐辛子炒め

（作り方　32ページ）

もやしと干しえびの塩炒め

（作り方　32ページ）

豆腐干《トウフカン》と長ねぎの塩炒め

（作り方　33ページ）

レタスのオイスターソース炒め

（作り方　33ページ）

小松菜のにんにく唐辛子炒め

小松菜はゆでずに
炒められるので便利。
おひたしに
飽きたときにどうぞ。

材料（2人分）
小松菜 … 1束（200g）
にんにく（つぶす）… 1かけ
赤唐辛子（種を取る）… 1本
サラダ油 … 大さじ1
酒 … 大さじ1
塩 … 小さじ¼
こしょう … 少々

❶　小松菜は4〜5cm長さに切り、茎と葉先に分ける。
❷　フライパンにサラダ油、にんにく、赤唐辛子を入れて弱火で炒める。香りが出たら強火にして小松菜の茎を入れてさっと炒め、一瞬おいて葉先を加える（**a**）。鍋肌から酒を加え、塩、こしょうをふって炒め合わせる。
⇒野菜を洗ったときについていた水分ごと炒めると、その水分が蒸気になり、早く火が通る。

a

もやしと干しえびの塩炒め

干しえびをうまみ出しに
したシンプル炒め。
粗みじんに切ると、
味が全体にまわります。

材料（2人分）
もやし … 1袋（200g）
干しえび … 大さじ2（10g）
サラダ油 … 大さじ1
酒 … 大さじ1
塩 … 小さじ¼
こしょう … 少々

❶　もやしはひげ根を取り、洗ってざるに上げる。干しえびは水でさっと洗って粗みじん切りにする。
❷　フライパンにサラダ油を熱し、干しえびを弱火で炒める。香りが出たら強火にしてもやしを入れて炒め、しんなりしたら鍋肌から酒を加え、塩、こしょうをふって炒め合わせる。

豆腐干《トウフカン》と長ねぎの塩炒め

お店で食べた
豆腐干と黄にら炒めを
長ねぎにアレンジ。
豆腐干の独特な
食感がクセになります。

材料（2人分）
豆腐干 … 1袋（100g）
長ねぎ … 1本（100g）
サラダ油 … 大さじ1
酒 … 大さじ1
塩 … ひとつまみ
粗びき黒こしょう … 少々

❶　豆腐干は袋の表示どおりにもどし、水けを絞って食べやすい長さに切る。長ねぎは5cm長さ、5mm幅に切る。
❷　フライパンにサラダ油を熱し、豆腐干を入れ、塩少々（分量外）、水大さじ1〜2を加えて炒める（**a**）。水分がとんだら長ねぎを加えて炒め、しんなりしたら鍋肌から酒を加え、塩、粗びき黒こしょうをふって炒め合わせる。

a

レタスのオイスターソース炒め

淡泊な味のレタスに
オイスターソースが
よく合います。
レタスが余ったときにも
おすすめ。

材料（2人分）
レタス … ½個（150g）
しょうが（薄切り）… ½かけ
合わせ調味料
　オイスターソース … 大さじ½
　酒 … 小さじ1
　しょうゆ … 小さじ½
　こしょう … 少々
サラダ油 … 大さじ½

❶　レタスは大きめにちぎる。合わせ調味料は混ぜる。
❷　フライパンにサラダ油を熱し、しょうがを入れてさっと炒める。香りが出たら強火にし、レタスを入れて炒め、しんなりしたら合わせ調味料を加えて炒め合わせる。

2. とろみ煮

ごはんにかけてもおいしい

中華おかずの中でも、孫たちから特にリクエストが多いのがとろみ煮です。とろりとして口当たりがよく、ごはんにかけてもいいし、麺にかけてもいいのが人気の秘密でしょうか。野菜は冷蔵庫の中にちょこちょこと残っているもの、なんでもいいんですよ。とろみがついていると冷めにくく体が温まり、このおかずがあれば汁ものもいりません。

とろみをつけるときは、水溶き片栗粉をまわし入れるのではなくフライパンの中の煮汁を混ぜているところに水溶き片栗粉を少しずつ加えるとダマになりません。水溶き片栗粉を加えてから1分ほど煮て、透明感が出てきたくらいが煮終わりの合図です。

中華うま煮

いろいろな具材を
しょうゆ味のあんがまとめます。
冬以外の時季は白菜の代わりに
キャベツを使うことも多いです。

材料（2人分）
豚こま切れ肉 … 150g
　下味 … 酒+しょうゆ 各小さじ1
白菜 … 2枚（200g）
にんじん … ⅓本（50g）
きくらげ … 大さじ1（3g）
しょうが（薄切り）… ½かけ
サフダ油 … 大さじ1½
片栗粉 … 大さじ½
A
｜酒 … 大さじ1
｜しょうゆ … 小さじ2
｜砂糖 … 小さじ1
｜塩 … 小さじ½
｜こしょう … 少々
水溶き片栗粉
｜片栗粉大さじ1½+水大さじ3
ごま油 … 小さじ1

❶　白菜は縦半分に切り、軸はひと口大のそぎ切り、葉先は5～6cm長さに切る。にんじんは短冊切り、きくらげはさっと洗って袋の表示どおりにもどし、かたい部分は取り除き、食べやすく切る。豚肉はひと口大に切り、下味の調味料をもみ込む。

❷　フライパンにサラダ油大さじ½を熱し、豚肉に片栗粉をまぶして入れて炒め、色が変わったら取り出す。

❸　②のフライパンをきれいにしてサラダ油大さじ1を熱し、しょうがを炒め、香りが出たらにんじん、白菜の軸を入れて2～3分炒める。透き通ってきたら白菜の葉先、きくらげを加えて1分ほど炒める。

❹　全体にかさが減ったら水1½カップを加え、煮立ったら**A**を加えて1分ほど煮る。②を戻し入れ、ひと煮して水溶き片栗粉でとろみをつけ、ごま油で香りをつける。

鶏むね肉とブロッコリーと高菜のとろみ煮

コツは、
鶏肉に片栗粉をまぶして
舌ざわりをよくすること、
ブロッコリーを一度取り出し、
色鮮やかにすること。

材料（2人分）
鶏むね肉（皮なし）… 小1枚（150g）
　下味 … 酒小さじ1＋塩ひとつまみ
ブロッコリー … ½個（150g）
高菜漬け … 50g
しょうが（薄切り）… ½かけ
サラダ油 … 大さじ1½
片栗粉 … 大さじ½
A
｜酒 … 大さじ1
｜塩 … ひとつまみ
｜こしょう … 少々
水溶き片栗粉
｜片栗粉大さじ1＋水大さじ2
ごま油…小さじ1

❶　ブロッコリーは小房に分け、茎は皮を厚めにむいて1cm厚さの輪切りにする。高菜漬けは縦半分、7〜8mm幅の小口切りにする。鶏肉は縦半分に切って繊維に沿って薄いそぎ切りにし、下味の調味料をもみ込む。

❷　フライパンにサラダ油大さじ1を熱し、鶏肉に片栗粉をまぶして入れて炒め（**a**）、8割がた色が変わったら取り出す（**b**）。
⇒鶏むね肉は片栗粉をまぶしておくと、つるりとして食べやすくなる。

❸　②のフライパンをきれいにしてサラダ油大さじ½を熱し、しょうがを炒め、香りが出たらブロッコリーを入れてさっと炒める。

❹　油がまわったら水1½カップを加え、ふたをして2〜3分煮る。ブロッコリーがやわらかくなったら**A**で調味し、②、高菜漬けを加え、水溶き片栗粉でとろみをつけ（**c**）、ごま油で香りをつける。

a

b

c

麻婆豆腐《マーボードウフ》

にらやえのきも入れて
野菜たっぷり！ がわが家流。
豆腐はゆでると、弾力が出て
くずれにくくなります。

材料（2～3人分）
絹ごし豆腐 … 1丁（300g）
豚ひき肉 … 150g
えのきたけ … 小1パック（100g）
にら … ½束（50g）
にんにく（みじん切り）… 小さじ1
長ねぎ（みじん切り）… 大さじ3（⅓本分）
サラダ油 … 大さじ1
豆板醤《トウバンジャン》 … 小さじ½
甜麺醤《テンメンジャン》 … 大さじ1
酒、しょうゆ … 各大さじ1
塩 … 小さじ¼
こしょう … 少々
水溶き片栗粉
｜片栗粉大さじ1＋水大さじ2
ごま油…小さじ1

❶　えのきたけは根元を切り、1cm長さに切る。にらは1cm長さに切る。豆腐は2cm角に切り、塩小さじ½（分量外）を入れた熱湯4カップで2～3分ゆでる。

❷　フライパンにサラダ油を熱し、にんにくを炒め、香りが出たらひき肉を入れて強めの中火で炒める。肉から透明な脂が出てきたら中央をあけて豆板醤を入れ（**a**）、よく炒める。豆板醤の香りが出たら甜麺醤を加えて炒め合わせる。

⇒豆板醤は炒めて辛みと香りを出す。

❸　水1カップを加え、煮立ったらくずれないようにして豆腐を加え、鍋肌から酒、しょうゆを加え、塩、こしょうをふり、えのきたけを加えて1分ほど煮る。長ねぎ、にらを加え、水溶き片栗粉でとろみをつけ、ごま油で香りをつける。

麻婆大根春雨

つるつるの春雨と
ジューシーな大根のコンビです。
実はわが家では
麻婆豆腐よりも人気があるほど。

材料（2人分）
大根 … ⅓本（400g）
春雨（乾燥）… 30g
豚ひき肉 … 150g
にんにく、しょうが（各みじん切り）
　… 各小さじ1
長ねぎ（みじん切り）… 大さじ2
サラダ油 … 大さじ1
豆板醤《トウバンジャン》… 小さじ½
A
｜しょうゆ … 大さじ2
｜酒 … 大さじ1
｜塩 … 小さじ½
｜こしょう … 少々
水溶き片栗粉
｜片栗粉大さじ1½＋水大さじ3
ごま油 … 小さじ1

❶ 大根は2cm角に切る。春雨は袋の表示どおりにもどしてざるに上げて水けをきり、食べやすい長さに切る。
❷ フライパンにサラダ油を熱し、にんにく、しょうがを炒め、香りが出たらひき肉を入れて強めの中火で炒める。肉から透明な脂が出てきたら大根を加えて炒め、中央をあけて豆板醤を入れ、よく炒める。
❸ 水2カップを加え、煮立ったら出てきたアクを取り除き、**A**で調味し、ふたをして弱火で15分ほど煮る。
❹ 大根がやわらかくなったら春雨を加え、1〜2分煮る。長ねぎを入れ、水溶き片栗粉でとろみをつけ、ごま油で香りをつける。

かに豆腐

簡単で作りやすい
おかずの代表です。
「かにかまで作ってもおいしい！」とは
うちの料理教室の生徒さん。

材料（2人分）
かにの身 … 80g
　下味 … 酒＋おろししょうが 各小さじ1
絹ごし豆腐 … 1丁（300g）
卵 … 1個
長ねぎ（小口切り）… ⅓本（30g）
サラダ油 … 大さじ1
A
｜酒 … 大さじ1
｜しょうゆ … 小さじ1
｜塩 … 小さじ½
｜こしょう … 少々
水溶き片栗粉
｜片栗粉大さじ1＋水大さじ2
ごま油 … 小さじ1

❶　かには軟骨を取って粗くほぐし、下味の調味料をからめる。豆腐はペーパータオルで包んで10分おき、水きりをする。卵は割りほぐす。

❷　フライパンにサラダ油を熱し、長ねぎ、かにを順に入れてさっと炒める。

❸　油がまわったら水1カップを加え、**A**で調味し、豆腐を大きくくずして入れ（**a**）、熱くなるまで煮る。水溶き片栗粉でとろみをつけ、卵を流し入れて（**b**）大きく混ぜながら火を通し、ごま油で香りをつける。

⇒水溶き片栗粉でとろみをつけてから卵を流し入れると、卵が沈まず、ふんわりと仕上がる。

a

b

えびのトマトチリあん

いつものえびチリもいいけれど、夏には断然、フレッシュトマト入り。さっぱり感がいいのです。

材料（2～3人分）
むきえび … 150g
　下味 … 酒小さじ1＋塩少々
トマト … 1個（150g）
玉ねぎ … ¼個（50g）
にんにく、しょうが（各みじん切り）
　… 各½かけ
合わせ調味料
　トマトケチャップ … 大さじ1½
　酒 … 大さじ1
　砂糖 … 大さじ½
　しょうゆ、片栗粉 … 各小さじ1
　塩 … 小さじ¼
　水 … ⅓カップ
サラダ油 … 大さじ1½
片栗粉 … 大さじ½
豆板醤《トウバンジャン》… 小さじ½
ごま油 … 小さじ1

❶ トマトは2cm角に切り、玉ねぎは1cm四方に切る。むきえびはあれば背ワタを取り、水でさっと洗ってペーパータオルで水けをふき、下味の調味料をもみ込む。合わせ調味料は混ぜる。
❷ フライパンにサラダ油大さじ1を熱し、むきえびに片栗粉をまぶして入れ、色が変わったら取り出す。
❸ ②のフライパンをきれいにし、サラダ油大さじ½を熱し、にんにく、しょうがを炒め、香りが出たら玉ねぎを加えて炒める。しんなりしたら、中央をあけて豆板醤を入れて炒め、香りが出たら合わせ調味料を加える。
❹ 煮立ったらトマトを加えてさっと煮る。②を戻し入れて1分ほど煮て、ごま油で香りをつける。

たらとレタスのとろみ煮 黒酢風味

たらはさっと焼いて取り出し、
黒酢を使うと生臭みが気になりません。
レタスとも相性がいいようです。

材料（2人分）
たら … 2切れ（200g）
　下味 … 酒大さじ1＋塩ひとつまみ
レタス … 大½個（200g）
エリンギ … 1パック（100g）
しょうが（薄切り）… ½かけ
合わせ調味料
　酒 … 大さじ1
　砂糖 … 小さじ2
　しょうゆ … 大さじ½
　塩 … 小さじ⅓
　こしょう … 少々
サラダ油 … 大さじ1½
片栗粉 … 大さじ1
水溶き片栗粉
　片栗粉大さじ1½＋水大さじ3
黒酢 … 大さじ1
ごま油 … 小さじ1

❶ たらはひと口大のそぎ切りにし、下味の調味料をからめて10分ほどおく。レタスは大きめにちぎる。エリンギは長いものは長さを半分にして縦半分に切り、縦2〜3mm厚さに切る。合わせ調味料は混ぜる。

❷ フライパンにサラダ油大さじ½を熱し、たらの汁けをふき、片栗粉をまぶして入れ、両面をさっと焼いて取り出す。

❸ ②のフライパンをきれいにしてサラダ油大さじ1を熱し、しょうがを入れてさっと炒める。香りが出たらエリンギ、レタスを入れて炒め、全体に油がまわったら水1½カップを加える。煮立ったら合わせ調味料を加え、②を戻し入れ、再び煮立ったら水溶き片栗粉でとろみをつけ、黒酢、ごま油を順にふって火を止める。

かぶのたらこあん

某中華屋さんの
「豆腐のたらこあん」をかぶに替えて。
野菜の甘みがたらこの塩けと
よく合います。

材料（2人分）

かぶ … 3個（正味300g）
たらこ（甘塩）… 1腹（80g）
にんにく（みじん切り）… 小さじ1
サラダ油 … 大さじ½
A
　酒 … 大さじ1
　塩、こしょう … 各少々
水溶き片栗粉
　片栗粉大さじ1＋水大さじ2
ごま油 … 小さじ1

❶　かぶは茎2cmを残して葉を切り落とし、皮つきのまま縦6等分に切り、水につけて茎の根元の泥を洗い落として水けをきる。たらこは薄皮を取る。

❷　フライパンにサラダ油を熱し、にんにくを入れて炒め、香りが出たらかぶを加えて炒める。

❸　全体に油がまわったら水1½カップを加え、ふたをして煮る。煮立ったら弱めの中火にし、竹串がやっと通るくらいまで3分ほど煮る。たらこを加えて混ぜ、**A**で調味し、水溶き片栗粉でとろみをつける。器に盛り、ごま油で香りをつける。

そら豆と玉ねぎのかきたまあん

グリーンが鮮やかな春のとろみ煮です。
豆は、スナップえんどうや
グリンピースでも。

材料（2人分）
そら豆 … 400g（正味100g）
玉ねぎ … ¼個（50g）
卵 … 1個
サラダ油 … 大さじ½
A
｜酒 … 大さじ1
｜塩 … 小さじ⅓
｜しょうゆ … 小さじ½
水溶き片栗粉
｜片栗粉大さじ½＋水大さじ1
ごま油 … 小さじ1

❶　そら豆はさやから出し、薄皮をむく。玉ねぎは1cm四方に切る。卵は割りほぐす。
❷　小さめのフライパンにサラダ油を熱し、玉ねぎ、そら豆を順に入れ、さっと炒める。
⇒卵を流し入れるとき、汁に深さがあったほうがいいので、小さめのフライパンを使う。
❸　油がまわったら水1カップを入れ、煮立ったら**A**で調味し、水溶き片栗粉で薄くとろみをつける。弱めの中火にして静かに煮立て、溶き卵を流し入れてゆっくりとひと混ぜし、ごま油で香りをつける。

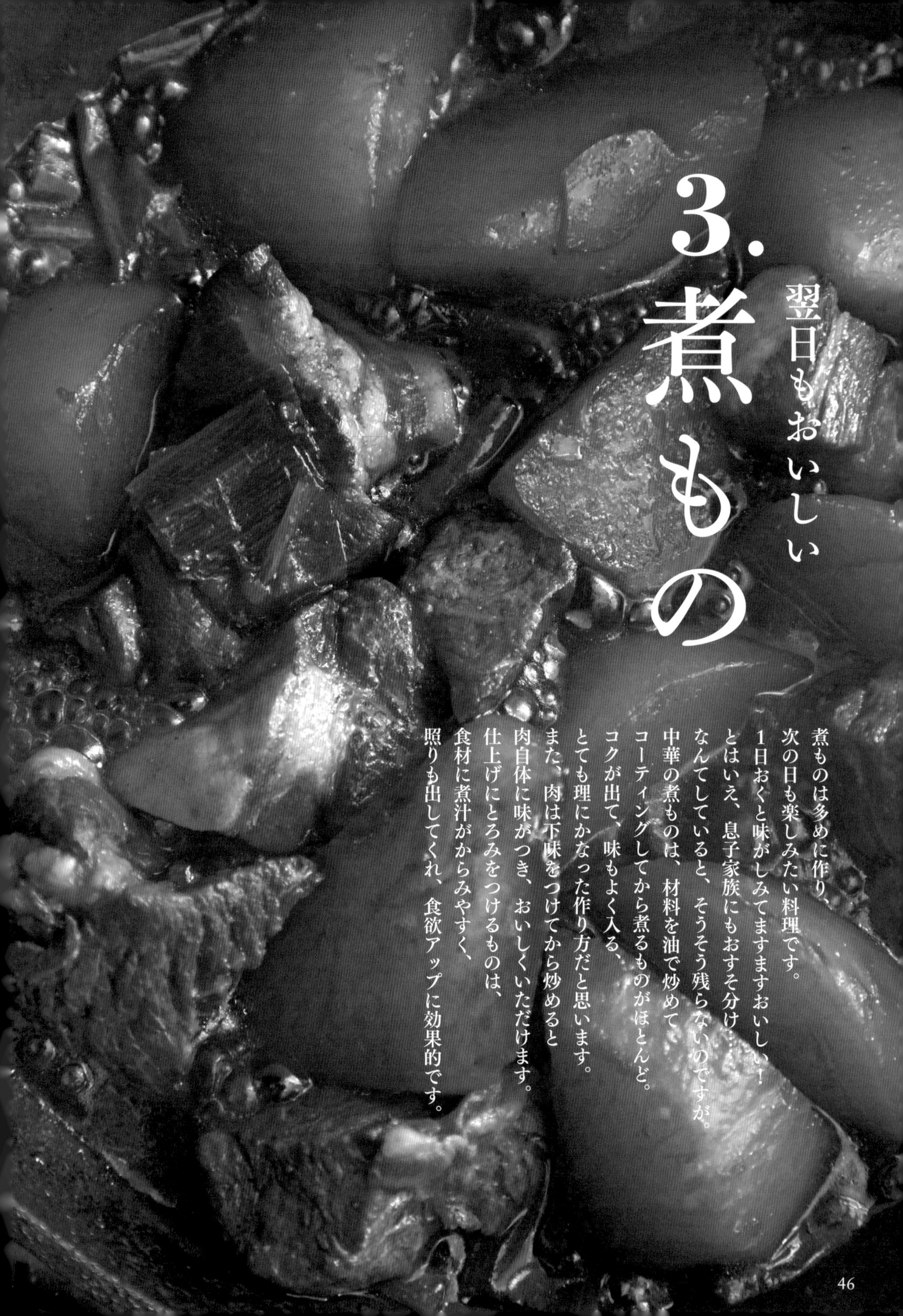

3. 煮もの

翌日もおいしい

煮ものは多めに作り、
次の日も楽しみたい料理です。
1日おくと味がしみてますますおいしい！
とはいえ、息子家族にもおすそ分け……
なんてしていると、そうそう残らないのですが。
中華の煮ものは、材料を油で炒めて
コーティングしてから煮るものがほとんど。
コクが出て、味もよく入る、
とても理にかなった作り方だと思います。
また、肉は下味をつけてから炒めると
肉自体に味がつき、おいしくいただけます。
仕上げにとろみをつけるものは、
食材に煮汁がからみやすく、
照りも出してくれ、食欲アップに効果的です。

豚肉と大根のしょうゆ煮

最近は脂の多いバラ肉よりも
肩ロースで作ったほうが好み。
豚肉のうまみを吸い込んで
大根が本当においしくなるのです。

材料（2〜3人分）

豚肩ロース肉（ブロック）… 400g
　下味 … 酒＋しょうゆ 各大さじ1
大根 … ½本（600g）
長ねぎ … ½本（50g）
しょうが（薄切り）… 1かけ
サラダ油 … 大さじ1
A
　酒 … 大さじ3
　しょうゆ … 大さじ2½
　砂糖 … 大さじ2
　こしょう … 少々
水溶き片栗粉
　片栗粉小さじ1＋水小さじ2

❶　大根は大きめの乱切りにし、長ねぎは3cm長さのぶつ切りにする。豚肉は4〜5cm大に切り、下味の調味料をもみ込む。

❷　フライパンにサラダ油を熱し、しょうが、長ねぎを炒め、香りが出たら豚肉の汁けをきって入れて炒める。豚肉の下味の調味料はとっておく。表面の色が変わったら大根を加えて炒める。

⇒炒めてから煮るのが中華の煮ものの特徴。炒めておくと、味がよくしみ込む。

❸　油がまわったら豚肉の下味の調味料、**A**を入れて炒め、水2カップを加える。煮立ったらアクをざっと取り、落としぶたをして弱めの中火で40分ほど煮る。大根がやわらかくなったら、水溶き片栗粉でとろみをつけて照りを出す。

獅子頭《シーズートウ》と白菜のスープ煮

材料（2～3人分）

白菜 … ¼個（600g）
春雨（乾燥）… 45g
獅子頭（肉だね）
- 豚ひき肉 … 300g
- 卵 … 1個
- おろししょうが … 小さじ1
- 長ねぎ（みじん切り）… 太め½本（60g）
- 片栗粉 … 大さじ3
- 酒 … 大さじ1½
- 塩 … 小さじ½
- こしょう … 少々
- 水 … 大さじ2

サラダ油 … 大さじ1½
A
- 酒 … 大さじ3
- しょうゆ … 大さじ2
- 砂糖、塩 … 各小さじ1

いつもは大きな中華鍋で
この2倍量を作ります。
丸めた肉だねはもちろん、
とろとろの白菜がおいしいと
孫たちが気持ちいいほど
よく食べてくれます。

❶ 白菜は縦半分に切り、軸は横4cm長さに、葉先は少し大きめに切る。春雨は袋の表示どおりにもどし、ざるに上げて水けをきり、食べやすい長さに切る。

❷ ボウルに肉だねの材料を入れ、よく練り混ぜて6等分にして丸める。フライパンにサラダ油大さじ1を熱し、肉だねを入れて3分ほど焼く。きれいな焼き色がついたら返し（**a**）、もう片面も3分ほど焼いて取り出す。
⇒焼きつけておくと、煮くずれず、香ばしくなる。中は生でもよい。

❸ ②のフライパンにサラダ油大さじ½を熱し、白菜の軸、葉先の順に入れ、3分ほど焼きつけながら炒める（**b**）。白菜のかさが減ったら水3カップを加え、ふたをして弱火で10分ほど煮る。
⇒白菜もぎゅうぎゅう押しながら焼きつけ、かさを減らすとともに香ばしさをつける。

❹ 白菜がしんなりしたら②、**A**を入れてふたをし、煮立ったら弱火で10分ほど煮る。白菜がクタッとしたら春雨を加え、さらに2～3分煮て味をなじませる（**c**）。

a

b

c

鶏もも肉の梅豆豉《トウチ》煮

豆豉と梅干しは、
相性バツグンのコンビです。
梅干しの酸味が、
クセのある豆豉を
食べやすくしてくれます。

材料（2人分）
鶏もも肉 … 2枚（600g）
　下味 … 酒大さじ1＋塩少々
長ねぎ … 1本（100g）
にんにく（つぶす）… 1かけ
しょうが（薄切り）… 1かけ
梅干し（塩分15％）… 大1個（20g）
サラダ油 … 大さじ½
片栗粉 … 小さじ2
紹興酒（または酒）… 大さじ2
A
｜砂糖 … 大さじ1
｜しょうゆ … 小さじ1
豆豉（みじん切り）… 大さじ1（10g）

❶　鶏肉は余分な脂を取り除き、大きめのひと口大に切る。下味の調味料をもみ込み、10分ほどおき、出てきた水けをふく。長ねぎは3cm長さのぶつ切りにする。

❷　フライパンにサラダ油を熱し、にんにく、しょうがを炒める。香りが出たら鶏肉に片栗粉をまぶして皮目を下にして入れ（**a**）、空いているところに長ねぎを入れて2〜3分焼く。
⇒皮目に焼き色がついたら返し、さらに1分ほど色が変わるまで焼く。皮目から焼き、焼き目をつけて香ばしくする。

❸　紹興酒をふり、水1カップを加え、煮立ったらアクを取り、梅干しをちぎって入れる（**b**）。**A**を加え、落としぶたをして7〜8分煮て、豆豉を加えて1〜2分煮る。
⇒梅干しで味をつけるときは、砂糖も加えると酸味が中和され、食べやすくなる。

a

b

牛肉の豆板醤《トウバンジャン》煮

煮ものの中では
比較的短時間でできます。
セロリは、葉も薬味として
加えると、香りもさわやか。

材料（2～3人分）
牛切り落とし肉 … 200g
　下味 … 酒大さじ1＋塩少々
パプリカ（赤）… 小1個（150g）
セロリ … 1本（150g）
にんにく（みじん切り）… 小さじ1
サラダ油 … 大さじ1½
片栗粉 … 大さじ½
花椒《ホワジャオ》（つぶす）… 小さじ1
豆板醤《トウバンジャン》 … 小さじ1
A
| 酒、しょうゆ … 各大さじ2
| 砂糖 … 大さじ1
| 塩 … 小さじ¼
| こしょう … 少々
水溶き片栗粉
| 片栗粉大さじ½＋水大さじ1

❶　パプリカは縦5mm幅に切る。セロリは筋を取り、5cm長さの短冊切りにし、葉先は食べやすく切る。牛肉は大きめのひと口大に切り、下味の調味料をもみ込む。
❷　フライパンにサラダ油大さじ½を熱し、牛肉に片栗粉をまぶして入れて炒め、色が変わったら取り出す。
❸　②のフライパンをきれいにしてサラダ油大さじ1を熱し、花椒、にんにくを炒める。香りが出たら豆板醤を加えてさっと炒め、パプリカ、セロリを入れて炒める。
❹　全体に油がまわったら水1½カップを加え、煮立ったら**A**を入れ、再び煮立ってから2分ほど煮る。②を戻し入れ、ひと煮して水溶き片栗粉でとろみをつける。

鶏手羽先と干ししいたけのしょうゆ煮

おいしさの決め手は、干ししいたけのもどし汁。上等なものでなくていいのでたくさん使ってください。

材料（2〜3人分）
鶏手羽先 … 8本（400g）
干ししいたけ … 8〜10枚（30g）
長ねぎ … 1本（100g）
しょうが（薄切り）… 1かけ
A
　しょうゆ … 大さじ2½
　紹興酒（または酒）、砂糖 … 各大さじ2

❶ 干ししいたけはさっと洗って水2カップにつけ、浮かないように皿などをのせ、2〜3時間おいてもどす。石づきを落とし、大きいものは半分に切る。もどし汁はとっておく。長ねぎは4cm長さのぶつ切りにする。手羽先は水けをふき、裏側に縦に切り込みを入れる。
⇒切り込みを入れると食べやすく、味もしみやすい。
❷ フライパンに手羽先を皮目を下にして入れ、4〜5分焼き、焼き色がついたらペーパータオルで脂をふく。肉を返し、空いているところにしょうが、長ねぎ、干ししいたけを入れ、さらに2〜3分炒める。
❸ 肉の色が変わったら、しいたけのもどし汁に水を足して2カップにして加える。煮立ったらアクを取り、**A**を加えて落としぶたをし、鶏肉がやわらかくなるまで弱めの中火で30〜40分、汁けがなくなるまで煮る。

魯《ルー》肉《ロー》飯《ハン》

a

b

c

材料（作りやすい分量）

豚バラ肉（かたまり）… 500g
玉ねぎ … ¼個（50g）
サラダ油 … 大さじ2½

A

| にんにく、しょうが（各薄切り）… 各1かけ
| 八角 … 1個

紹興酒（または酒）… ½カップ

B

| 砂糖、しょうゆ … 各大さじ3½

ゆで卵（7分ゆで）… 適量
小松菜 … ½束（100g）
ごはん、たくあん … 各適量

❶ 豚肉は横に1.5cm幅の棒状に切る。

❷ フライドオニオンを作る。玉ねぎは長さを半分に切って薄切りにする。フライパンにサラダ油大さじ2を熱し、玉ねぎを入れて10分ほど揚げ焼きにし（**a**）、茶色く色づいたら取り出す。

⇒フライドオニオンは甘みと香ばしさをプラスする役目。市販のものを使っても。

❸ ②のフライパンにサラダ油大さじ½を熱し、①を入れ、10分ほど炒めてカリカリにし、余分な脂を出す。豚肉をざるに上げ、脂をきる（**b**）。

⇒「カリカリに炒めて脂を出す」「ざるに上げて脂をきる」の2つで、すっきりした味わいに。

❹ ③のフライパンに水1カップを入れ、フライパンについた肉のうまみをへらでそぎ取るようにして水に溶かす。

❺ 鍋に③の豚肉、**A**、②を入れ、④に水を足して4カップにして加え、中火にかける。煮立ったらアクを取り、紹興酒を入れ、ふたをして弱めの中火で30分煮る。

❻ **B**、ゆで卵の殻をむいて加え、ふたをしないで20〜30分煮て（**c**）、煮汁の量がひたひたになったら火を止め、そのまま冷ます。

❼ 器にごはんを盛り、⑥を温めてかけ、半分に切ったゆで卵、ゆでて食べやすく切った小松菜、たくあんを添える。

台湾の食堂で食べた味を
わたしなりに再現しました。
バラ肉の脂をできるだけ落とすと、
すっきりした味わいに。

冬瓜と ほたて缶の煮もの

（作り方　58ページ）

中華風 ラタトゥイユ

（作り方　58ページ）

里いもと豚こまとザーサイの煮もの

（作り方　59ページ）

白菜と干しえびのくたくた煮

（作り方　59ページ）

冬瓜とほたて缶の煮もの

冬瓜の季節になると、
かならず作ります。
少し角が取れるまで煮ると、
とろりとした食感に。

材料（2～3人分）
冬瓜 … 400g（正味300g）
ほたて缶 … 小1缶（70g）
しょうが（せん切り）… 1かけ
酒 … 大さじ1
塩 … 小さじ¼
こしょう … 少々
水溶き片栗粉
　片栗粉大さじ½＋水大さじ1
ごま油 … 小さじ½

❶　冬瓜は種とワタを取り、3cm幅のひと口大に切り、皮を薄くむく。
❷　小さめのフライパンに水1カップを入れて煮立て、①、しょうが、酒、ほたてを缶汁ごと加え、ふたをして弱めの中火で10分ほど煮る。冬瓜が竹串がスーッと通るくらいやわらかくなったら塩、こしょうで調味する。水溶き片栗粉で薄くとろみをつけ、ごま油で香りをつける。

中華風ラタトゥイユ

20代の頃に習って以来の
お気に入りレシピです。
2つの醤とトマトが
ミックスされると
ごはんにとても合います。

材料（2～3人分）
牛切り落とし肉 … 200g
なす（ひと口大の乱切り）… 3本（270g）
きゅうり（3～4cm長さのぶつ切り）… 2本（200g）
トマト（6～8等分のくし形切り）… 2個（300g）
長ねぎ（3cm長さのぶつ切り）… ½本（50g）
にんにく（つぶす）… ½かけ
しょうが（薄切り）… ½かけ
サラダ油 … 大さじ1
豆板醤《トウバンジャン》 … 小さじ½
甜麺醤《テンメンジャン》…大さじ1
A
　酒、しょうゆ … 各大さじ1
　砂糖 … 小さじ1
　こしょう … 少々

❶　牛肉は大きいものはひと口大に切る。
❷　フライパンにサラダ油を熱し、にんにく、しょうが、長ねぎを炒め、香りが出たら牛肉を加え、ほぐしながら炒める。色が変わったら中央をあけて豆板醤を入れて炒め、なす、きゅうりを加えて2～3分炒める。
❸　全体に油がまわったら甜麺醤を加えて炒め、香りが出たら**A**、トマトを加えて混ぜ、ふたをして煮立ったら弱火で10分ほど煮る。ときどき混ぜ、すべての野菜がやわらかくなるまで蒸し煮にする。

里いもと豚こまとザーサイの煮もの

ザーサイのうまみと塩け、豚肉が主役の里いもをおいしくしてくれます。

材料（2～3人分）
里いも … 6～7個（500g）
豚こま切れ肉 … 200g
ザーサイ（味つき）… 60g
しょうが（薄切り）… 1かけ
サラダ油 … 大さじ1
A
酒 … 大さじ2
しょうゆ … 大さじ1
砂糖 … 大さじ½
ごま油 … 小さじ1

❶　里いもはひと口大に切る。ザーサイは大きいものは1.5cm大に切る。豚肉は大きいものは食べやすく切る。
❷　フライパンにサラダ油を熱し、しょうがを炒め、香りが出たら豚肉を入れてほぐしながら炒める。色が変わったら里いもを加え、2分ほど炒める。
❸　全体に油がまわったら水2カップを加える。煮立ったらアクを取り、**A**を加え、ふたをして15分ほど煮る。里いもがやわらかくなったらザーサイを加え、ふたをしないで4～5分煮て、煮汁が⅓量になったらごま油で香りをつける。

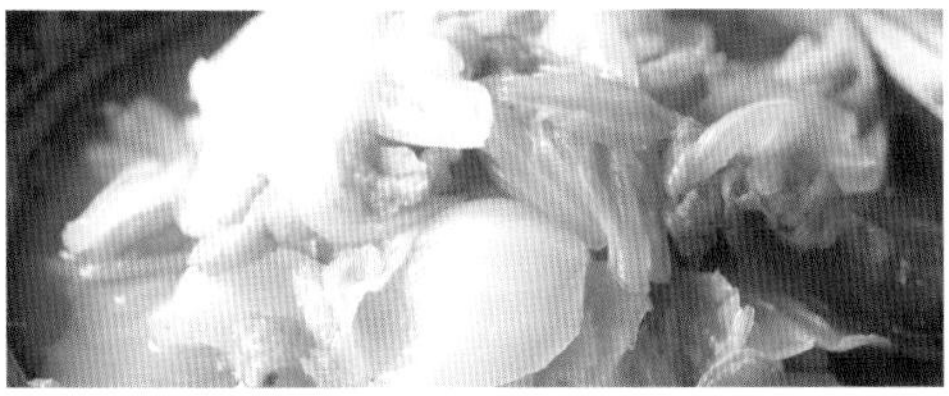

白菜と干しえびのくたくた煮

一見地味ですが、食べるとやみつきに。干しえびのもどし汁も残さず使います。

材料（2人分）
白菜 … ⅙個（400g）
干しえび … 大さじ3（15g）
サラダ油 … 大さじ1
A
酒 … 大さじ2
塩 … 小さじ½
こしょう … 少々

❶　干しえびは水でさっと洗って水1カップに10分ほどつける。ざるに上げ、もどし汁はとっておく。白菜は縦半分に切り、軸はひと口大のそぎ切り、葉先は5～6cm大のざく切りにする。
❷　フライパンにサラダ油を熱し、干しえびを入れて弱火で炒め、香りが出たら中火にして白菜の軸を加えて1分ほど炒め、白菜の葉先を加えて2分ほど炒める。
❸　かさが減ったら干しえびのもどし汁、**A**を加え、煮立ったら落としぶたをし、弱めの中火で10分ほど、白菜がやわらかくなるまで煮る。

4. 揚げもの

みんな大好き！

揚げたら、なんでもおいしくなる！
といっても過言ではないと思います。
その証拠に、孫たちにとっていつもは苦手な魚も、
揚げものにするとパクパクと
食べっぷりのいいこと！
ただ、揚げものは後片づけが
めんどうくさいと思う方も多いので、
ここでは少ない油で揚げる方法でご紹介。
高さ5㎜～1㎝ほどの油があれば、
十分おいしく作れますよ。
揚げものの一番のコツは、油に入れたら
表面が固まるまではほうっておくこと。
油に入れてすぐに触ると、
せっかくの衣がはがれてしまいます。
表面が固まったらときどき返し、
まんべんなく香ばしい揚げ色をつけましょう。

油《ユー》淋《リン》鶏《チー》

食べやすくひと口大にして
揚げるのが、わが家流。
揚げ時間も短く、
揚げるときにハネる心配もありません。

材料（2人分）
鶏もも肉 … 小2枚（400g）
　下味 … 塩ひとつまみ
レタス … 2〜3枚（100g）
片栗粉 … 大さじ3
ねぎだれ
　長ねぎ（みじん切り）… 大さじ1½
　にんにく、しょうが（各みじん切り）
　　… 各小さじ1
　酢、しょうゆ、砂糖、水…各大さじ1½
　ごま油 … 大さじ½
揚げ油 … 適量

❶　鶏肉は余分な脂を取り除き、ひと口大に切る。下味の塩をふって10分ほどおき、出てきた水けをふく。レタスはざく切りにし、水につけてパリッとさせ、水けをふく。ねぎだれの材料は混ぜる。

⇒肉を大きいまま揚げると揚げ上がりを切るときに皮がはがれるため、生の状態でひと口大に切る。塩をふってしばらくおき、水分を出して味を凝縮させる。

❷　フライパンに揚げ油を5mm高さに入れて170℃に熱し、鶏肉に片栗粉をまぶして皮目を下にして入れる。表面が固まったら返し、香ばしい色がついてパチパチとした音が出るまで6〜7分揚げ、中まで火を通す。

⇒せっかくまぶした粉が落ちてしまうので、表面が固まるまでは触らない。

❸　器にレタスを盛り、②をのせ、ねぎだれをかける。

じゃがいも酢豚

フライドポテト感覚でおいしいと、
うちでは酢豚にも揚げじゃがいもを
加えることが多いです。
肉も小さく切るとカリッとし、
あんがよくからみます。

材料（2人分）
豚肉（カレー用）… 200g
　下味 … 酒、しょうゆ各大さじ½＋
　　　　　おろししょうが小さじ1
じゃがいも … 2個（300g）
玉ねぎ … ¼個（50g）
あん
　酢、しょうゆ、砂糖 … 各大さじ1½
　水 … ½カップ
　片栗粉 … 大さじ1
揚げ油 … 適量
衣
　溶き卵 … 小½個分
　片栗粉 … 大さじ3
サラダ油 … 大さじ½

❶　豚肉は大きいものは2cm角に切り、下味の材料をもみ込み、10分ほどおく。じゃがいもはひと口大に切り、耐熱容器に入れ、ラップをふんわりとかけて電子レンジで2分30秒加熱し、出てきた水けをふく。玉ねぎは3cm幅のくし形切りにして長さを半分に切り、ほぐす。あんの材料は混ぜる。
⇒じゃがいもはレンジ加熱しておき、揚げ時間を短縮。

❷　フライパンに揚げ油を5mm高さに入れて170℃に熱し、じゃがいもを入れ（**a**）、表面がカリッとするまで7〜8分揚げる。豚肉に衣の溶き卵をからめ、片栗粉をまぶして入れ、中まで火が通り、表面がカリッとして浮いてくるまで5〜6分揚げ、取り出す（**b**）。
⇒卵入りの衣だとふんわり仕上がり、たれもよくからむ。

❸　②のフライパンをきれいにしてサラダ油を熱し、玉ねぎを入れてさっと炒める。透き通ってきたら、あんをもう一度よく混ぜ合わせてまわし入れ、とろみがついたら②を加えて手早く全体にからめる。
⇒豚肉のカリッとした食感を残したいので、手早く作業する。

肉だんごの甘酢あん

肉だんごはふっくらさせるため、
肉だねに水を加えます。
あんは砂糖を
気持ち多めにするのが好み。

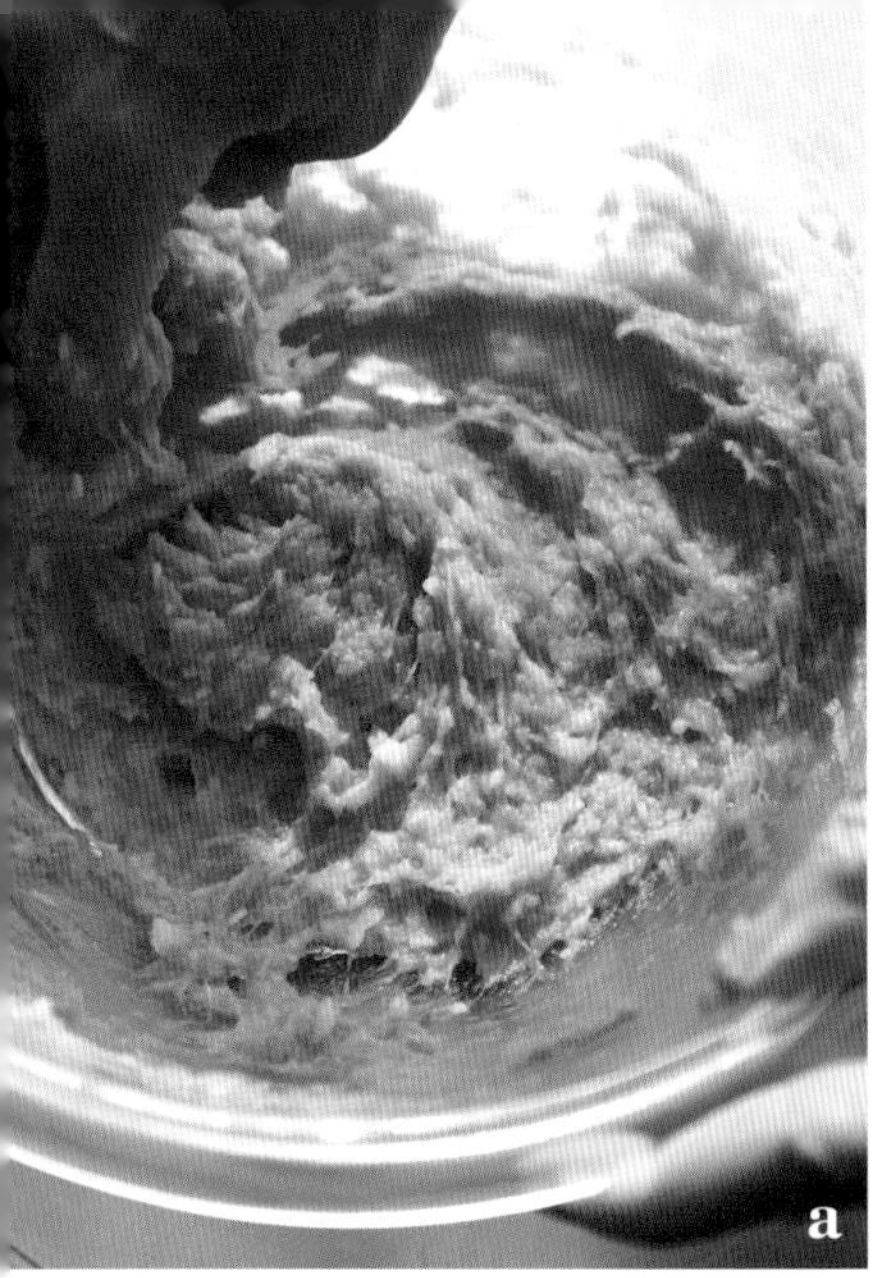
a

b

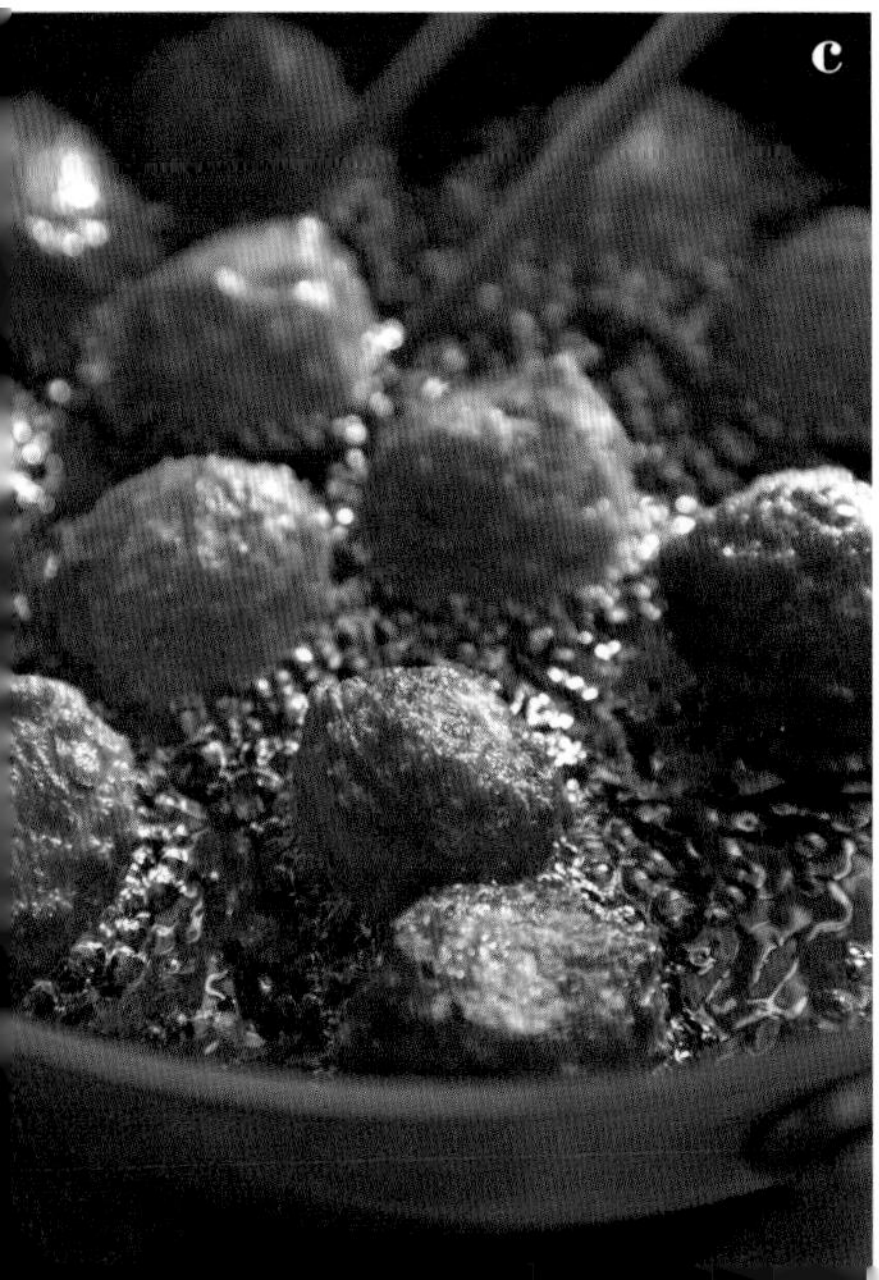
c

材料（2人分）

肉だんご

- 豚ひき肉 … 200g
- 長ねぎ（みじん切り）… 大さじ2
- おろししょうが … 小さじ1
- 卵 … 小1個
- 酒、水 … 各大さじ1
- 塩 … 小さじ⅓
- 片栗粉 … 大さじ2

揚げ油 … 適量

甘酢あん

- 酢、しょうゆ、砂糖 … 各大さじ1
- 水 … ⅓カップ
- 片栗粉 … 小さじ1

❶　ボウルに肉だんごの材料を入れ、粘りが出てもったりとするまでよく練り混ぜる（**a**）。
⇒ボウルに白っぽい跡がつくまでよく練る。水を加えると、ふっくらとした肉だんごに。

❷　フライパンに揚げ油を5mm高さに入れて170℃に熱し、①を手で握ってひねり出し（**b**）、もう片方の手に持ったスプーンで丸めながら（直径3cm大）入れる。表面が固まってきたらときどき返し（**c**）、香ばしい色になるまで5〜6分揚げ、中まで火を通す。

❸　小さめのフライパンに甘酢あんの材料を入れて火にかけ、混ぜながら煮立ててとろみをつける。②を入れ、手早くからめる。

えびマヨ

カラリとした衣にまろやかな
マヨネーズソースをたっぷり。
この日ばかりは
カロリーを気にせず、
いただきましょう。

材料（2人分）
えび … 200g（8～12尾）
　下味 … 酒小さじ1＋塩少々
衣
　小麦粉 … 40g
　ベーキングパウダー … 小さじ¼（1g）
　サラダ油 … 大さじ½
　水 … 60mℓ
マヨネーズソース
　マヨネーズ … 大さじ4
　牛乳、砂糖 … 各大さじ1
　塩、こしょう … 各少々
揚げ油 … 適量
サラダ菜 … 適量

❶　えびは殻をむき、背の中央に包丁を入れて（**a**）背ワタを取り、さっと洗って水けをふき、下味の調味料をもみ込む。
⇒背に切り込みを入れると、加熱したときクルッとして見た目がきれいに。

❷　衣の材料、マヨネーズソースの材料はそれぞれ混ぜる。
⇒カリッとした衣にするため、ベーキングパウダーと油を加える（**b**）。

❸　フライパンに揚げ油を5mm高さに入れて170℃に熱し、えびの汁けをふいて小麦粉少々（分量外）を薄くまぶし、衣をからめて入れ（**c**）、カリッとするまで3～4分揚げる。

❹　器にサラダ菜を敷き、③を盛り、マヨネーズソースをかける。

a

b

c

いわしとせん切りポテト揚げ　豆豉《トウチ》ラー油ソース

以前、ポテトチップスのカゴに
揚げ魚がのった料理を本で見て、
これはおいしそう！と
改良を重ねて完成させた
レシピです。

a

b

材料（2人分）
いわし（三枚おろし）… 3〜4尾分（正味150g）
　下味 … 酒大さじ1＋塩少々
じゃがいも … 1個（150g）
長ねぎ … 10cm
香菜 … 適量
揚げ油、片栗粉 … 各適量
豆豉ラー油（p.74参照）… 適量

❶　いわしは2〜3等分の斜め切りにし、下味の調味料をからめ、10分ほどおき、出てきた水けはふく。長ねぎは5cm長さに切り、縦に切り込みを入れて芯を取り除き、せん切りにする。香菜は葉先を摘む。ともに冷水に15分ほどさらす。ざるに上げ、水けをきる。じゃがいもは3mm角の細切りにする。

❷　フライパンに揚げ油を5mm高さに入れ、じゃがいもを入れてほぐしてから（**a**）弱めの中火にかける。ときどき混ぜながらパリッとして色づくまで12〜14分揚げる。
⇒じゃがいもは冷たい油に入れてから火にかけることで、カリッとする。触りすぎるとボロボロとくずれてしまうので、注意。

❸　揚げ油の温度を170℃に上げ、いわしに片栗粉をまぶし、皮目を下にして全量を入れる（**b**）。カリッとするまで4〜5分揚げ、中まで火を通す。

❹　器に②を盛り、③をのせる。長ねぎ、香菜を混ぜてのせ、豆豉ラー油をかける。
⇒全体を混ぜて食べるとおいしい。

揚げざけのレモンじょうゆ漬け

2、3日は日持ちするので、作っておくと何かと便利な一品です。味のポイントはレモン汁。酢よりも酸味が強く、さわやか！

材料（2人分）

生ざけ … 2切れ（正味200g）

　下味 … 酒大さじ1＋塩少々

揚げ油、小麦粉 … 各適量

レモンじょうゆ

- しょうが（せん切り）… ½かけ
- 香菜（ざく切り）… 1株
- しょうゆ、レモン汁 … 各大さじ1
- 砂糖、ごま油 … 各小さじ1
- こしょう … 少々
- 水 … 大さじ2

❶　さけはあれば小骨を取り、ひと口大に切り、下味の調味料をからめて10分ほどおき、出てきた水けをふく。レモンじょうゆの材料は混ぜる。

❷　フライパンに揚げ油を5mm高さに入れて170℃に熱し、さけに小麦粉を薄くまぶして入れる。カリッとするまで5〜6分揚げ、中まで火を通す。

❸　②をレモンじょうゆに漬け、たれごと器に盛る。

れんこんと塩さばの春巻き

下処理のいらない魚で
春巻きを作れたら！と考えたレシピ。
れんこんのシャキシャキ感が
アクセントです。

材料（10本分）
れんこん … 1節（250g）
塩さば … 1枚（150g）
塩 … 小さじ1/3
片栗粉 … 大さじ2
のり
｜小麦粉大さじ1＋水小さじ2
春巻きの皮 … 10枚
揚げ油、練り辛子 … 各適量

a

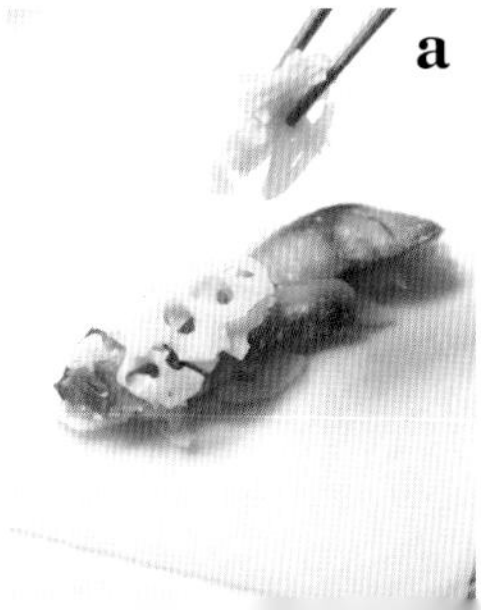

❶ れんこんは薄いいちょう切りにし、塩をふり、水けが出たらペーパータオルでふく。片栗粉大さじ1をまぶして、10等分にする。塩さばはペーパータオルで水けをふき、骨を取って20等分の薄いそぎ切りにし、片栗粉大さじ1をまぶす。のりの材料は混ぜる。

❷ 春巻きの皮にれんこんの半量（1/20量）と塩さば2枚、残りのれんこん（1/20量）の順に平たくのせ（**a**）、手前、両端の皮を内側にたたんでくるりと巻き、縁をのりで留める。これを10本作る。

❸ フライパンに揚げ油を5mm高さに入れて160℃に熱し、②を5本ずつ、巻き終わりを下にして入れる。途中で上下を返しながら5〜6分揚げる。中まで火が通り、香ばしい色になったら揚げ上がり。器に盛り、練り辛子を添える。

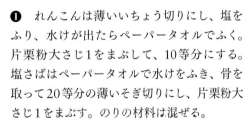

5. あっさり食べられる レンジ蒸し

中華にはおいしい蒸し料理がたくさんあります。
油を使わないからヘルシー！
味つけもシンプルになり、
素材の本来の味を楽しめる調理法です。
魚も、臭み抜きの酒と味つけの塩をふって
加熱するだけででき上がるので、
ぐっと身近な料理になりますよ。
でも、蒸し器を持っていない方や
持っていてもめんどうに感じる方が多いと聞き、
ここでは電子レンジでおいしく蒸せる料理をご紹介します。
レンジ調理で注意したいのは、加熱のしすぎ。
加熱しすぎてしまうと取り返しがつかないので、
慣れないうちは加熱時間を少なめにし、
様子をみながら加熱するとよいでしょう。
本書では、６００Ｗの電子レンジを使用しています。

レンジ蒸し鶏で

蒸し鶏の中華カレーだれ

粗熱がとれるまでおくと、しっとりやわらかです。
にんにくの風味と辛みを利かせた
中華風のカレーだれが食欲をそそります。

材料（2人分）
レンジ蒸し鶏（右記）… 全量
カレーだれ
　おろしにんにく … 少々
　しょうゆ … 大さじ1½
　カレー粉、オイスターソース、
　　はちみつ、酒 … 各小さじ1
グリーンカール … 適量

❶　蒸し鶏は5mm～1cm厚さのそぎ切りにし、器に盛り、グリーンカールを添える。
❷　カレーだれの材料を混ぜ、食べる直前に①にかける。

レンジ蒸し鶏

材料（2人分）
鶏むね肉（皮なし）… 1枚（300g）
　下味 … 酒大さじ1＋塩少々
長ねぎ（青い部分）… 5cm
しょうがの皮 … 少々

❶　鶏肉は耐熱皿に入れ、下味の調味料をもみ込む。長ねぎの青い部分、しょうがの皮をのせ、ラップをふんわりとかけて電子レンジで5分～5分30秒加熱し、粗熱がとれるまで30分ほどおく。
⇒しばらくおくことで、肉汁が肉に戻り、パサつかない。

レンジ蒸し鶏で

蒸し鶏の豆《トウ》豉《チ》ラー油がけ

中国のウルムチを旅したときに、
現地の方に教えてもらった
スパイシーなソースをかけて。

材料（2人分）
レンジ蒸し鶏（p.73）… 全量
香菜 … 適量
豆豉ラー油（下記）… 適量

❶　蒸し鶏は食べやすく切って器に盛り、食べる直前に豆豉ラー油をかけ、香菜を添える。

豆豉ラー油

中華麺をあえたり、鍋やギョーザのたれにしても。

材料（作りやすい分量）
玉ねぎ（みじん切り）… 大さじ3
豆豉（みじん切り）… 大さじ2
サラダ油 … 大さじ3
A
　にんにく、しょうが（各みじん切り）… 各小さじ1
　赤唐辛子（みじん切り）… 1〜2本
　クミンパウダー … 小さじ½
粗びき黒こしょう … 少々
砂糖、酢 … 各大さじ½
塩 … 小さじ⅓

❶　小さめのフライパンにサラダ油を熱し、**A**を入れて炒め、香りが出たら玉ねぎを加えて炒める。しんなりしたら豆豉を加えて炒め、残りの材料を加えてさっと火を通す。
※冷蔵庫で3週間保存可。

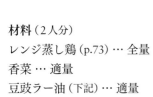

材料（2人分）
レンジ蒸し鶏（p.73）… 全量
ごまだれ
　白練りごま、しょうゆ … 各大さじ1
　酢 … 小さじ1
　砂糖 … 小さじ2
　長ねぎ（みじん切り）… 小さじ2
　しょうが（みじん切り）… 小さじ1
きゅうり … 1本（100g）

❶　ごまだれを作る。小さいボウルに白練りごまを入れ、しょうゆ、酢を順に少しずつ加えてよく混ぜ、残りの材料を加えて混ぜる。
❷　蒸し鶏を食べやすく裂く。裂いた肉を蒸し汁の中に入れておくとパサつかない。きゅうりは縦4等分に切り、長めの乱切りにする。
❸　器に②を盛り、①をかける。

レンジ蒸し鶏で
棒《バン》棒《バン》鶏《ジー》

淡泊なむね肉にごまだれが
相性ばっちりのおなじみ料理。
なじみやすいように、
きゅうりを長めの乱切りにして食べやすく。

中華風
蒸しハンバーグ

塩漬け魚を発酵させた「ハムユイ」をのせた
中国のハンバーグをヒントにした一品です。
ハムユイの代わりにナンプラーで風味づけを。

材料（2人分）
豚肩ロース薄切り肉 … 200g
干ししいたけ … 2枚（7g）
長ねぎ（みじん切り）… 大さじ3
しょうが（みじん切り）… 大さじ½
A
- ナンプラー、酒 … 各大さじ1
- 干ししいたけのもどし汁 … 大さじ3
- 片栗粉 … 大さじ2
- 塩、こしょう … 各少々

ごま油 … 小さじ1

❶ 干ししいたけはさっと洗って水につけ、浮かないように皿などをのせ、2～3時間おいてもどす。石づきを落とし、5mm角に切る。
❷ 豚肉は包丁でみじん切りにし、さらにたたいて粗めのミンチ状にする。**A**を順に加え、粘りが出るまで包丁でよく混ぜる。しいたけ、長ねぎ、しょうがを加えて混ぜ合わせ（**a**）、4等分にして丸める。
⇒薄切り肉をたたくと、ひき肉で作るのとは全然違ったおいしさに。食べ応えも出る。
❸ 耐熱皿に②を入れ、ラップをふんわりとかけて電子レンジで4分30秒ほど加熱する。仕上げに、ごま油で香りをつける。

a

ひき肉と豆腐の蒸しもの

肉だねもあんも
電子レンジで完成する、
忙しいときのお役立ちレシピです。

材料（２人分）

豚ひき肉 … 100g

木綿豆腐 … １丁（300g）

A

酒 … 大さじ½　塩 … ひとつまみ

ごま油 … 小さじ１　こしょう … 少々

B

長ねぎ（みじん切り）… ½本（50g）

しょうが（みじん切り）… 大さじ½

片栗粉 … 大さじ１

あん

酒、しょうゆ … 各大さじ½

砂糖、ごま油 … 各小さじ½

こしょう … 少々

水 … ½カップ

水溶き片栗粉

片栗粉小さじ２＋水小さじ４

香菜 … 適量

❶　豆腐はペーパータオルで包んで10分ほどおき、水きりをする。

❷　小さな耐熱ボウル（直径15cm程度）にひき肉を入れて粘りが出ないようにほぐし、**A**、**B**を順に加え、そのつど練り混ぜる。

❸　①に塩小さじ¼（分量外）を混ぜ、②に加えて下からよく混ぜる。肉だねの表面を平らにし、ラップをふんわりとかけて電子レンジで６分ほど加熱し、中まで火を通す。

❹　小さな耐熱皿にあんの材料を入れ、ラップなしで電子レンジで１分加熱する。水溶き片栗粉を加えてよく混ぜ、ラップなしで再び１分加熱する。

❺　器に③を返して盛り、④をかけ、香菜をのせる。

豚こま肉の豆豉《トウチ》蒸し

下味をつけ、たれをからめて
電子レンジにかけるだけ。
豚こま切れ肉なら手軽なうえに、
たれがよくからみます。

材料（2人分）

豚こま切れ肉 … 200g

　下味 … 酒大さじ1＋塩少々

たれ

　豆豉（みじん切り）… 大さじ½（5g）

　長ねぎ（みじん切り）… 大さじ1

　しょうが（みじん切り）… 小さじ1

　酒 … 大さじ½

　しょうゆ、ごま油 … 各小さじ1

　こしょう … 少々

香菜 … 適量

❶ 耐熱皿に豚肉を入れ、下味の調味料をもみ込み、広げる。

❷ たれの材料を混ぜる。

❸ ①に②を全体に散らしてのせ、ラップをふんわりとかけて電子レンジで2分30秒ほど加熱し、中まで火を通す。

❹ 器に盛り、香菜を飾る。

白菜と鶏もも肉、干ししいたけの蒸しスープ

スープの透明感は蒸すからこそ！
干ししいたけ、鶏肉、野菜のうまみが
じわじわと引き出されます。

材料（2人分）
白菜 … 2枚（200g）
鶏もも肉 … ½枚（150g）
　下味 … 酒大さじ1＋塩少々
干ししいたけ … 4枚（15g）
しょうが（薄切り）… ½かけ
A
　酒 … 大さじ2
　塩 … 小さじ½
　こしょう … 少々

❶　干ししいたけはさっと洗って水1½カップにつけ、浮かないように皿などをのせ、2〜3時間おいてもどす。水けを絞って軸を落とし、もどし汁は水を足して1½カップにし、**A**を混ぜる。
❷　白菜は軸はひと口大のそぎ切りにし、葉先は大きめのざく切りにする。鶏肉は余分な脂を取り除いてひと口大に切り、下味の調味料をもみ込む。
❸　深さのある耐熱容器（容量約1500mℓ）に白菜、干ししいたけ、しょうがを入れ、鶏肉をのせ、①の汁を注ぎ、ラップをふんわりとかけて電子レンジで10分加熱する。一度上下を返し、さらに1分ほど加熱する。

白身魚の蒸しもの

魚は蒸すと臭みが消え、うまみだけが残ります。おいしい蒸し汁も残さず食べてください。

材料（2人分）
生だら（たい、すずきなどでも）… 2切れ（200g）
　下味 … 酒大さじ1＋塩少々
長ねぎ … 10cm
しょうが（せん切り）… 1かけ
たれ
｜しょうゆ … 大さじ½
｜ごま油 … 小さじ1
｜オイスターソース … 小さじ½
酒 … 大さじ1

❶　たらは水けをペーパータオルでふき、耐熱皿に並べ、下味の調味料をからめて（**a**）10分ほどおく。
❷　長ねぎは5cm長さに切り、縦に切り込みを入れて芯を取り除き、せん切りにしてしょうがとともに冷水に15分ほどさらす。ざるに上げ、水けをきる。たれの材料は混ぜる。
❸　①の汁けをペーパータオルでふいて耐熱皿に並べ、酒をふる。ラップをふんわりとかけて電子レンジで2分ほど加熱して、中まで火を通す（**b**）。
⇒下味の酒は臭み抜きの役目。加熱前にふる酒は風味づけの役目。
❹　器に③を蒸し汁とともに盛り、長ねぎ、しょうがをのせ、たれをかける。

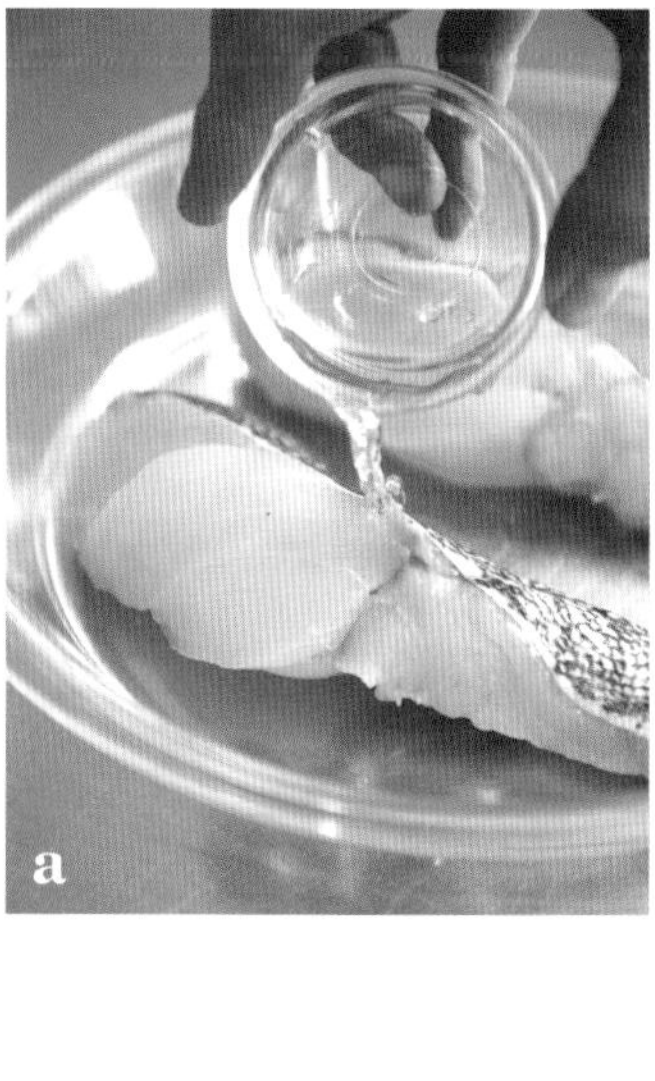
a

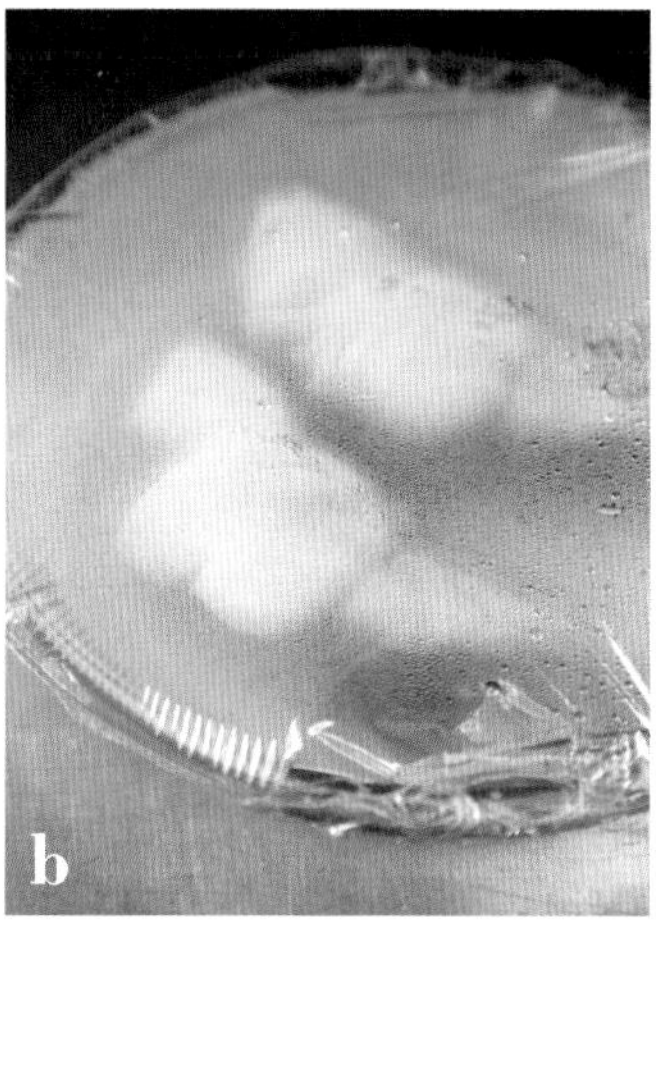
b

あさりとズッキーニのレンジ蒸し

あさりはレンジ加熱に向いている食材です。
ただし、蒸しすぎると
かたくなるので注意してください。

材料（2人分）
あさり … 1パック（200g）
ズッキーニ … 1本（200g）
にんにく（つぶす）… 1かけ
赤唐辛子（種を取る）… 1本
酒 … 大さじ1
塩、こしょう … 各少々
ごま油 … 小さじ1

❶　あさりは3%の塩水（分量外）に1時間ほどつけて砂抜きをし、殻をこすり洗いして水けをきる。ズッキーニは5cm長さ、縦4等分に切る。
❷　耐熱皿に①を入れ、にんにく、赤唐辛子をのせる。酒をふり、ラップをふんわりとかけて電子レンジで6分ほど加熱する。
❸　あさりの殻が開いたら塩、こしょうで調味し、ごま油をふって混ぜる。

蒸しなす

なす好きなわたしが
頻繁に作る副菜です。
たれも加熱すると、
ねぎの甘みが出ます。

材料（2人分）
なす … 3本（270g）
ねぎ塩だれ
- 長ねぎ（みじん切り）… ½本（50g）
- サラダ油 … 大さじ1
- 塩 … 小さじ⅓
- 粗びき黒こしょう … 少々

❶ なすはヘタを取り、切り口に縦6〜8等分の切り込みを入れる。耐熱皿に並べ、ラップをふんわりとかけて電子レンジで3分30秒〜4分加熱する。ラップを外し、切り込みに沿って裂く。
❷ ねぎ塩だれを作る。小さな耐熱皿に長ねぎ、サラダ油を入れ、ラップをふんわりとかけて電子レンジで1分ほど加熱する。長ねぎがしんなりしたら、塩、黒こしょうを混ぜる。
❸ 器に①を盛り、②をかける。

6. もう一品欲しいときの あえもの サラダ

中華のおかずは加熱する料理が多いので、
組み合わせるおかずとして火を使わないサラダや
あえものをいろいろ覚えておくと、
献立作りにとても便利です。
主菜と副菜で調理法を変えると食感に変化がつき、
しかも段取りよく作れるんですよ。
あえもの、サラダに共通するコツは、
食べる直前にあえること。
あえてから時間がたつと野菜から水分が出てきて、
味が薄まり、野菜の食感も悪くなってしまいます。
うちでは、あえものやサラダをあえる手前まで
準備して冷蔵庫に入れ、加熱するおかずを作り、
最後にあえものやサラダを仕上げます。

豆腐干《トウフカン》と豆苗のあえもの

ヘルシーな豆腐干はわたしの注目素材です。淡泊な味に、豆苗の少しクセのある香りがアクセント。

材料（2人分）
豆腐干 … 1袋（100g）
豆苗 … 1袋（300g・正味120g）
ドレッシング
　黒酢 … 大さじ1
　塩 … 小さじ⅓
　こしょう … 少々
　ごま油 … 大さじ1

❶　豆腐干は袋の表示どおりにもどし、水けを絞り、食べやすい長さに切り、塩少々（分量外）をふる。豆苗は根を切り落とし、長さを半分に切る。耐熱皿に入れ、ラップをふんわりとかけて電子レンジで約1分30秒加熱し、ざるに上げて水けを軽く絞る。
❷　ドレッシングの材料は混ぜる。
❸　①を②であえる。

豚しゃぶときゅうりのサラダ

豚肉は静かに沸騰している湯でゆでるとしっとり。はちみつ入りのまろやかなドレッシングでいただきます。

材料（2人分）
豚ロース肉（しゃぶしゃぶ用）… 100g
きゅうり … 1本（100g）
長ねぎ … 20cm
ドレッシング
　しょうが（みじん切り）… 小さじ1
　にんにく（みじん切り）… 小さじ½
　しょうゆ … 大さじ1
　酢 … 小さじ2
　はちみつ、紹興酒（または酒）… 各小さじ1
　豆板醤《トウバンジャン》 … 小さじ½
　ごま油 … 小さじ1

❶　きゅうりは2〜3mm厚さの斜め切りにしてからせん切りにする。長ねぎは5cm長さに切り、縦に切り込みを入れて芯を取り除き、せん切りにする。冷水に10分ほどさらし、ざるに上げて水けをきる。ドレッシングの材料は混ぜる。
❷　鍋にたっぷりの湯を沸かして塩少々（材料外）を加え、火を少し弱め、豚肉を1枚ずつ入れ泳がせるようにしてゆでる。火が通ったら水にさっとくぐらせ、ざるに上げる。
❸　器に①を混ぜて盛り、②の水けをしっかりきってのせる。ドレッシングをかけ、あえて食べる。

きくらげとゆで卵、フリルレタスのサラダ

中華料理の先生に教えてもらって以来のお気に入り。あればぜひ、生のきくらげで！プリプリ感が違います。

材料（2人分）
生きくらげ … 100g※
フリルレタス … 2〜3枚（60g）
玉ねぎ … 小1/4個（30g）
ゆで卵（熱湯に入れて9分ゆで）… 2個
ドレッシング
　しょうゆ … 大さじ1
　酢 … 大さじ2/3
　塩、こしょう … 各少々
　ごま油 … 大さじ1/2

※乾燥の場合は大さじ3（9g）を袋の表示どおりにもどし、かたい部分は取り除き、大きいものは半分に切り、生きくらげ同様にゆでる。

❶ きくらげはあればかたい部分を取り除き、大きいものは食べやすく切る。水からゆでてざるに上げ、流水で粗熱をとって水けを絞る。玉ねぎは薄切りにし、フリルレタスは食べやすくちぎり、ともに冷水に2〜3分さらし、ざるに上げて水けをきる。ゆで卵は殻をむき、縦4等分に切る。
❷ ドレッシングの材料は混ぜる。
❸ 器に①を彩りよく盛り、②をかける。

中華風お刺し身サラダ

刺し身も、ときにはサラダにして楽しみます。
食感のいいナッツはかならず入れますが、
野菜はきゅうりや白髪ねぎでも。

材料（2人分）
たいの刺し身 … 120g
大根 … 3cm（100g）
にんじん … ⅕本（30g）
香菜 … 適量
カシューナッツ（素焼き・無塩、刻む）… 10g
ドレッシング
　しょうゆ … 小さじ2
　紹興酒（または酒）… 大さじ½
　砂糖 … 小さじ⅓
　塩、こしょう … 各少々
　サラダ油 … 大さじ½

❶　たいは薄いそぎ切りにし、塩ごく少々（分量外）をふり、冷蔵庫で冷やす。
⇒こうすると生臭みが取れる。

❷　大根は薄い輪切りにし、せん切りにする。にんじんは5cm長さのせん切りにする。ともに冷水に2〜3分さらし、ざるに上げて水けをきる。香菜は葉先を摘む。

❸　ドレッシングの材料は混ぜる。

❹　器に大根、にんじんを盛り、たいをのせ、③をかけ、カシューナッツ、香菜を散らす。

ほたてと柿のあえもの

一見、不思議な組み合わせですが、コクのあるたれが全体をまとめ、ベストな味わいに。

材料（2人分）

ほたて貝柱（刺し身用）… 2〜3個（100g）
柿 … ½個（150g）
きゅうり … 1本（100g）
ごまだれ
　白練りごま … 小さじ2
　しょうゆ、砂糖 … 各大さじ½
　塩 … 少々

❶ 貝柱は1個を4〜6等分の放射状に切る。柿は1.5cm角に切る。きゅうりは皮を縞目にむき、1.5cm大の乱切りにする。

❷ ごまだれを作る。ボウルに白練りごま、砂糖、塩を入れて混ぜ、しょうゆを少しずつ加えてなめらかにのばす。

❸ ①を②であえる。

春雨サラダ

家族みんなが春雨好きなので、本当によく作ります。薄焼き卵やレンジ加熱したもやしを加えることも。

材料（2人分）
春雨（乾燥）… 30g
ハム … 3枚（45g）
きゅうり … 1本（100g）
ドレッシング
　ポン酢しょうゆ … 大さじ2
　ごま油 … 大さじ½
白いりごま … 少々

❶　春雨は袋の表示どおりにもどし、ざるに上げて水けをきり、食べやすく切る。
❷　ハムは半分に切り、細切りにする。きゅうりは2〜3mm厚さの斜め薄切りにしてから、せん切りにする。
❸　ドレッシングの材料を混ぜ、①、②をあえる。器に盛り、白いりごまをふる。

揚げなすの中華サラダ

揚げたなすにカリカリじゃこ、
辛みのしし唐がマッチ。
薄く切ったセロリも
かならず加えてください。

材料（2人分）
なす … 4本（360g）
セロリ … ⅓本（50g）
しし唐辛子 … 10本（50g）
ちりめんじゃこ … 20g
ドレッシング
　赤唐辛子（小口切り）… ½本
　しょうゆ … 大さじ1
　酢 … 小さじ2
　ごま油 … 小さじ1
サラダ油 … 大さじ1
揚げ油 … 適量

❶　セロリは5cm長さの縦薄切りにし、冷水に2〜3分さらし、ざるに上げて水けをよくきる。しし唐辛子はヘタを除き、1cm幅の輪切りにする。ドレッシングの材料は混ぜる。
❷　小さなフライパンにサラダ油を熱し、じゃこを入れて弱めの中火で炒め揚げにする。薄く色づき、香ばしくなったらしし唐辛子を加え、炒め合わせる。
❸　なすは3cm厚さの輪切りにする。フライパンに揚げ油を5mm高さに入れて180℃に熱し、なすを3〜4分揚げ、油をきる。
❹　器に③、セロリを盛り、②をのせ、ドレッシングをかける。

もやしのザーサイあえ

材料（2人分）
もやし … 1袋（200g）
ザーサイ（味つき・せん切り）
　… 30g
塩 … ひとつまみ
こしょう … 少々
ごま油 … 大さじ½

❶　もやしはひげ根を取る。耐熱皿に入れ、ラップをふんわりとかけて電子レンジで3分ほど加熱し、ラップをかけたまま1分ほどおいて蒸らす。出てきた水けをきる。
❷　①にザーサイ、塩、こしょう、ごま油を加え、あえる。

トマトサラダ

材料（2人分）
トマト … 2個（300g）
ドレッシング
　しょうが（みじん切り）… 小さじ1
　しょうゆ、酢 … 各大さじ½
　塩、こしょう … 各少々
　ごま油 … 小さじ1

❶　トマトは1cm厚さの輪切りにし、器に盛り、冷蔵庫で冷やす。
❷　ドレッシングの材料を混ぜ、①にかける。

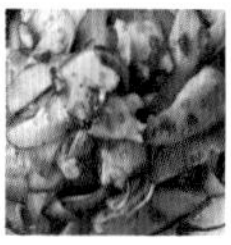

たこときゅうりの辛みだれ

材料（2人分）
たこの足 … 1本（100g）
きゅうり … 1本（100g）
たれ
　梅干し（たたく）
　　… ½個（小さじ1・正味5g）
　長ねぎ（みじん切り）… 大さじ1
　しょうゆ … 小さじ1
　砂糖、ごま油 … 各小さじ½
　豆板醤《トウバンジャン》、おろしにんにく … 各少々

❶　きゅうりは縦半分にし、斜め薄切りにする。たこは水けをふき、斜め薄切りにする。
❷　たれの材料を混ぜ、①をあえる。

香菜と大根のサラダ

材料（2人分）
大根 … 4cm（150g）
香菜 … 3～4株（40g）
ドレッシング
　青唐辛子 … 小1本
　塩 … 小さじ¼
　レモン汁 … 大さじ½
　サラダ油 … 大さじ1½

❶　大根は薄い輪切りにしてごく細いせん切りにし、冷水に2～3分さらし、ざるに上げて水けをきる。香菜は3～4cm長さに切る。
❷　青唐辛子は種を取ってみじん切りにし、残りのドレッシングの材料と混ぜる。
❸　①を②であえる。

シンプルだけど、
妙に箸が進みます。
もやしはゆでるより、
レンジで加熱したほうが
栄養も味も逃げません。

ドレッシングにしょうがを
加えると、一気に
中華風のサラダになります。

おろしにんにくが
味のポイントです。
パンチが出て、
おつまみとしても楽しめます。

香菜が好きな方から、
リクエストを受けたのが始まり。
青唐辛子の辛みと、
レモンのさわやかさが
ポイントです。

たたききゅうりの辛みあえ

材料（2人分）
きゅうり … 2本（200g）
しょうが（せん切り）… 1かけ
漬け汁
- ごま油 … 大さじ½
- 赤唐辛子（種を取る）… 小1本
- 花椒《ホワジャオ》 … 小さじ½
- しょうゆ、酢、砂糖 … 各大さじ½

❶ きゅうりはすりこぎなどでたたいてひびを入れ、長めの乱切りにする。ボウルに入れ、塩小さじ½（材料外）をふって30分ほどおき、ざるに上げて水けをきる。
❷ 小鍋に漬け汁のごま油、赤唐辛子、花椒を入れて弱火にかけ、香りが出てきたら火から下ろし、漬け汁の残りの材料を入れて混ぜる。
❸ ボウルに①を入れ、せん切りしょうがをのせ、②をまわしかけて混ぜ、10〜20分おいて味をなじませる。

春菊と豆腐のあえもの

材料（2人分）
木綿豆腐 … ½丁（150g）
春菊 … 小½束（100g）
A
- ザーサイ（味つき・せん切り）… 20g
- 塩 … 小さじ⅓
- こしょう … 少々
- ごま油 … 小さじ2

❶ 豆腐は厚みを半分に切り、ペーパータオルで包んで15分ほどおき、水きりをする。春菊は葉を摘んで3〜4cm長さに切り、茎は同じ長さの薄切りにする。
❷ ボウルに春菊を入れ、豆腐を手でちぎりながら加えて混ぜ、豆腐を全体に行きわたらせる。**A**を加えてよく混ぜる。

セロリときくらげのごま塩あえ

材料（2人分）
セロリ … ⅔本（100g）
きくらげ（乾燥）… 大さじ3（9g）
たれ
- 塩 … 小さじ⅓
- こしょう … 少々
- ごま油 … 大さじ1

❶ きくらげは袋の表示どおりにもどし、かたい部分は取り除き、大きいものは半分に切る。水からゆでてざるに上げ、流水で粗熱をとり、水けを絞る。セロリは筋を取って縦半分に切り、斜め薄切りにする。
❷ たれの材料を混ぜ、①をあえる。

ピータンとアボカド、トマトのあえもの

材料（2人分）
アボカド … 1個（200g）
トマト … ½個（80g）
ピータン … 1個（70g）
たれ
- 紹興酒（または酒）、しょうゆ、砂糖 … 各小さじ1
- 塩 … ひとつまみ
- こしょう … 少々

❶ アボカドは種と皮を取り除き、1.5cm角に切る。トマトは1.5cm角に切る。ピータンは殻を取り除き、1.5cm角に切る。
❷ たれの材料を混ぜ、①をあえる。

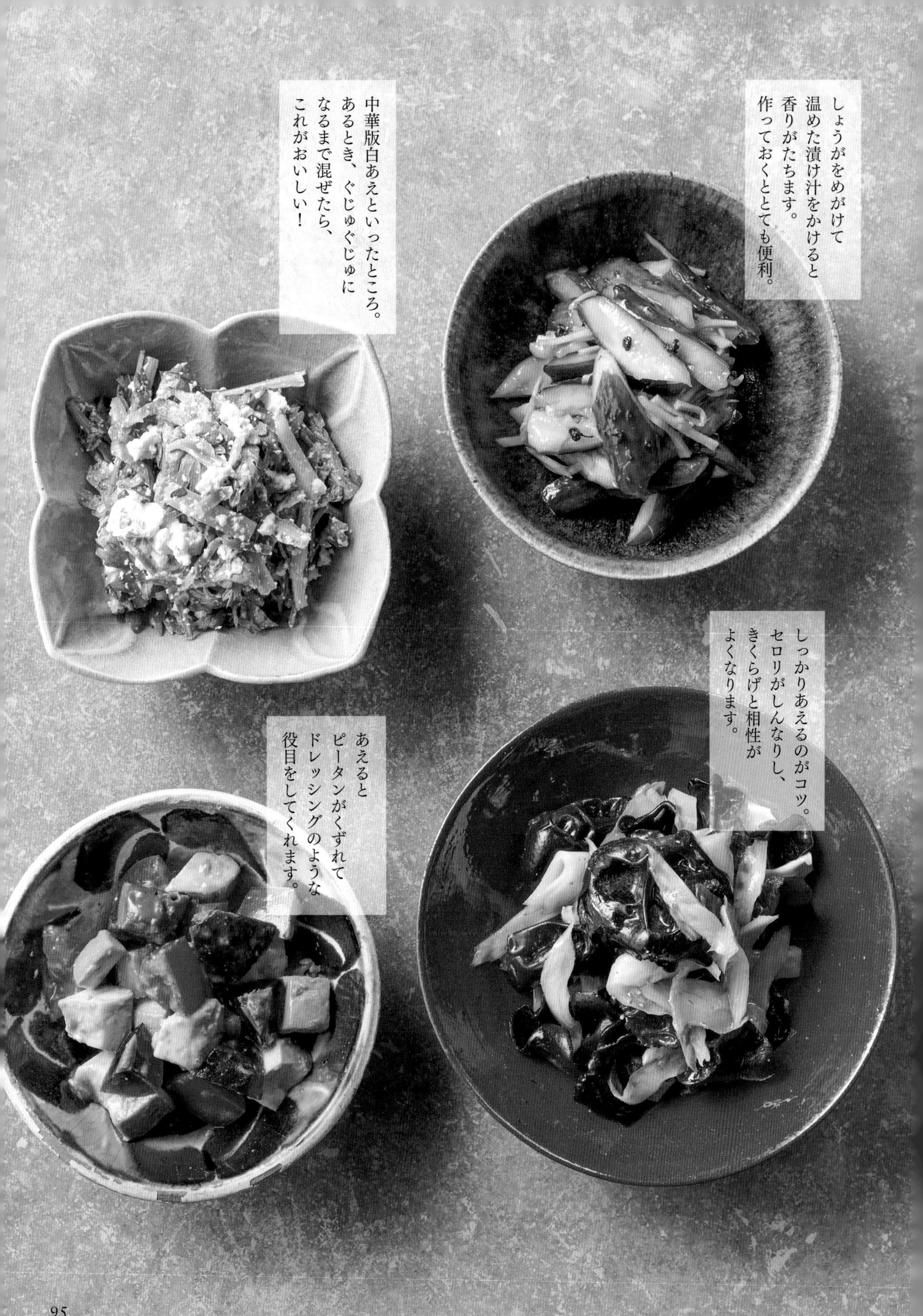

しょうがをめがけて
温めた漬け汁をかけると
香りがたちます。
作っておくととても便利。

中華版白あえといったところ。
あるとき、ぐじゅぐじゅに
なるまで混ぜたら、
これがおいしい！

しっかりあえるのがコツ。
セロリがしんなりし、
きくらげと相性が
よくなります。

あえると
ピータンがくずれて
ドレッシングのような
役目をしてくれます。

石原洋子（いしはら・ひろこ）

料理研究家。幼い頃から母親と共に台所に立ち、「昼食は自分たちの手で」という食教育の自由学園に学ぶ。卒業後は家庭料理、フランス料理、中国料理など、各分野の第一人者に学び、アシスタントを務めたのちに独立。明るく飾らない人柄と確かな根拠に基づく指導に定評があり、自宅で開く料理教室は45年以上になる。著書は『本当は秘密にしたい 料理教室のベストレシピ』（朝日新聞出版）、『増補保存版 くり返し作りたい 一生ものレシピ』（Gakken）、『65歳からのふたりごはんの愉しみ』『定番おかず100 一生ものの味つけレシピ 黄金比がひと目でわかる』『石原洋子の副菜 定番も新しい味も。あるもので作れる小さなごちそう』（いずれも家の光協会）など多数。

石原洋子の
おうち中華
野菜たっぷり、
油少なめ、
化学調味料なし

2024年4月20日　第1刷発行

デザイン　福間優子
撮影　福尾美雪
スタイリング　池水陽子
調理アシスタント　荻田尚子、清水美紀、泉名彩乃
企画・文　飯村いずみ
校正　安久都淳子
DTP制作　天龍社

著　者　石原洋子
発行者　木下春雄
発行所　一般社団法人 家の光協会
〒162-8448
東京都新宿区市谷船河原町11
電話　03-3266-9029（販売）
03-3266-9028（編集）
振替　00150-1-4724
印刷・製本　株式会社東京印書館

ISBN978-4-259-56795-8　C0077